DIEU LE VEUT

Chronique de la Première Croisade

Max GALLO

de l'Académie française

Dieu le veut

Chronique de la Première Croisade

© XO Éditions, Paris, 2015
ISBN : 978-2-84563-533-3

« Le rêve que la chrétienté faisait depuis plusieurs siècles allait enfin devenir une réalité, grâce à l'initiative d'un pape et à l'héroïsme de toute une nation : *Gesta Dei per Francos*, Dieu agissant par le bras des Francs, expression très ancienne d'un fait réel. Et Franc ne veut pas dire ici l'"Occidental" ou le "Latin", mais le "Français".

La première des guerres saintes a été prêchée en France par un pape et des orateurs français. La grande masse des chevaliers qu'elle a jeté sur la route de Jérusalem sortait de nos provinces. La plupart des seigneuries latines établies en Syrie, avant comme après la conquête de la Ville sainte, ont été fondées par des nobles français.

La Première Croisade, c'est la France en marche ; il faut la suivre jusqu'en Orient. »

Histoire de France, d'Ernest Lavisse,
tome II, par Achille Luchaire,
Les premiers Capétiens (987-1137).

« Peuple soldat, dit Dieu, rien ne vaut le Français dans la bataille (et ainsi rien ne vaut le Français dans la Croisade).

[...] Or il y a toujours la bataille, dit Dieu. Il y a toujours la Croisade. »

Charles Péguy
Le Mystère des Saints Innocents.

« Ce jour-là, je suis devenu vieux. J'ai su que les portes du Royaume de Notre Sauveur ne s'ouvriraient pas pour nous qui étions encore des animaux cruels à visage d'homme.

Et je n'ai eu qu'une hâte, retrouver ma demeure, y prier, attendre le moment que Dieu choisirait pour m'appeler à Lui, me juger.

Cette chronique que j'achève est ma confession.

Rouge de sang est toute guerre.

Aucune n'est sainte. »

Guillaume de Thorenc,
au lendemain de la prise
de Jérusalem, le vendredi 15 juillet
de l'an de grâce 1099.

1.

Moi, Guillaume de Thorenc, adoubé dans l'année de mes seize ans, il y a plusieurs lustres, je fais, au soir de ma vie, serment devant Dieu de rapporter dans cette chronique tout ce que j'ai vu, su, accompli durant notre Guerre sainte, notre Première Croisade.

J'ai chevauché, combattu, souffert, connu la faim et la soif. J'ai porté en terre la plupart de mes frères en chevalerie, blessés à mort par les flèches des Infidèles, ces Turcs seldjoukides, qui nous assaillaient comme un essaim de guêpes. Nous les avons vaincus et je suis entré dans des villes dont je n'imaginais pas la richesse. J'ai parcouru les rues de Constantinople et de Nicée, d'Antioche et d'Édesse. J'ai dormi dans leurs palais.

Puis, après plus de trois années, alors que je désespérais, j'ai vu, le 7 juin de l'an 1099, Jérusalem, la Cité sacrée, là où était le Saint-Sépulcre, le but de notre Croisade.

Presque chaque jour, au long de ce chemin, j'ai trempé la lame de mon glaive dans le sang des ennemis de Dieu.

Je ne veux rien celer de la bravoure des chevaliers ni de la lâcheté de certains d'entre eux, ni de la foi qui nous unissait, ni des rivalités qui déchiraient nos rangs, ni de notre cruauté.

Je confesserai que nous avons tué plus que de raison et que nous avons pillé, incendié, saccagé trop de vergers et trop de vies.

Mais nous étions les soldats de Dieu, à son service.

Il m'a laissé en vie et je peux aujourd'hui, alors que s'éteint ma dernière braise, dire sans apprêt, pour les temps à venir, ce que fut notre Guerre sainte.

Gesta Dei per Francos... Dieu agissant par le bras des Francs.

Ma demeure, château de pierres et de troncs d'arbres, était – est – en Provence. Je l'ai quittée en l'an 1095, pour rejoindre notre Saint-Père, Urbain II.

À Clermont, je l'ai entendu prêcher, et ses paroles sont gravées dans ma chair. Le Saint-Sépulcre de Notre Sauveur, Notre Seigneur Jésus-Christ, était aux mains des Infidèles, des Sarrasins, des Turcs seldjoukides, des Juifs, disait le pape. Ces idolâtres dépouillaient, tuaient nos pèlerins.

Ils avaient conquis les terres et les villes du Basileus, l'empereur chrétien Alexis Comnène, qui régnait à Constantinople. Ils profanaient le Saint-Sépulcre et la colline du Golgotha, là où Notre Seigneur avait, pour nous sauver, accepté le supplice de la crucifixion.

Urbain II a ajouté :
« Dieu vous a accordé la gloire et la force des armes. Prenez donc la route… Nous devons partir arracher aux païens le fief de Dieu, son Saint-Sépulcre.
"Celui qui ne prend pas sa croix pour me suivre, celui-là n'est pas digne de moi", avait dit le Christ. »

Je me suis agenouillé, tenant à deux mains devant moi mon glaive.
Cette lame était ma croix.
Plus tard, je ferai coudre sur mon épaule la croix du Christ.
Mais à Clermont, j'appuyai le front contre mon glaive jusqu'à la douleur, jusqu'à me meurtrir. Cette plaie m'engageait, j'étais Croisé.

« Ceux qui partiront pour cette Guerre sainte, a dit encore notre Saint-Père, tous leurs péchés leur seront remis sur-le-champ, s'ils perdent la vie que ce soit en chemin ou en combattant les ennemis de Dieu.
N'hésitez plus, ne tardez pas, partez délivrer le Saint-Sépulcre pour le salut de votre âme. »

11

J'ai crié, mêlant ma voix aux milliers d'autres : « Dieu le veut ! Dieu le veut ! »

Ces mots, je les ai hurlés le vendredi 15 juillet de l'an 1099 quand, enfin, nous nous sommes rués à l'assaut de Jérusalem, notre Ville sainte que souillaient païens et Infidèles, Arabes et Soudanais, Juifs.

Dieu a-t-il voulu, ce vendredi 15 juillet, à l'heure même où, il y avait onze siècles, il était supplicié, que nous, ses chevaliers, nous les Croisés de la Guerre sainte, nous massacrions ceux qui n'étaient pas des nôtres ?

Nous n'avons eu pitié ni des femmes ni des enfants. Et nous avons égorgé les combattants qui demandaient grâce.

Je veux, au commencement de cette chronique, me souvenir que j'avais après ces combats et cette tuerie le corps couvert du sang de ceux que j'avais tués.

Dieu le sait.

Il n'a pas retenu notre main quand nous avons frappé si fort que les corps des ennemis étaient fendus en deux, de la tête au nombril.

Dieu a-t-il voulu que nos glaives le vengent des insultes et des sacrilèges dont les Infidèles avaient insulté notre foi ?

C'était le 8 juillet de l'an 1099, sept jours avant notre assaut.

Nous faisions sous les remparts une procession solennelle.

Les Infidèles avaient dressé des croix au sommet de leurs murs et ils les couvraient de crachats et de pisse. Voyant cela, nous jurions de venger et d'effacer la honte de ces profanations. Alors, le vendredi 15 juillet, nous avons tué, et le sang a coulé. Et j'ai vu – et Dieu a vu – dans les rues et sur les places de la ville des amas de têtes, de mains et de pieds. Et nous avons incendié la synagogue où les Juifs s'étaient enfermés.

Nous avons poursuivi et massacré les Sarrasins jusqu'au temple de Salomon où ceux-ci livrèrent aux nôtres les plus furieux combats pendant toute la journée, au point que le temple tout entier ruisselait de sang.

J'ai chevauché dans le sang jusqu'aux genoux, jusqu'au frein de mon cheval.

J'ai pensé alors que c'était par un juste et admirable jugement que ce sang avait été versé en ce lieu.

C'était celui des ennemis de Dieu qui, pendant si longtemps, y avaient proféré leurs blasphèmes.

Mais je ne pouvais voir sans horreur cette multitude de morts et la seule vue de mes frères chevaliers, des pèlerins vainqueurs couverts de sang de la tête aux pieds était aussi pour moi une source noire d'épouvante.

Dieu avait-il voulu cela ?

Je n'osais questionner nos moines, nos clercs, comme si j'avais été habité par une interrogation impie. Alors j'ai continué de tuer, et j'ai décapité les Sarrasins hommes et femmes qui s'étaient réfugiés sur le toit du temple et auxquels certains d'entre les princes et les barons avaient promis la vie sauve.

Ainsi la Cité sainte était presque entièrement remplie de cadavres et on ordonna de jeter hors de la ville les Sarrasins morts, tant la puanteur était extrême.

Les Sarrasins vivants traînaient les morts hors des murs, devant les portes, et en faisaient des amoncellements aussi hauts que des maisons.

Nul n'a jamais vu pareil carnage de païens, de Juifs et d'Infidèles.

Des bûchers étaient disposés comme des bornes et nul ne sait leur nombre.

Dieu le connaît.

Mais Dieu avait-il voulu cela ?

Au soir de ce vendredi 15 juillet de l'an 1099, j'ai enseveli en moi cette question qui aujourd'hui m'envahit, et j'ai parfois le sentiment qu'un flot de sang m'étouffe.

J'en oublie la joie que j'avais ressentie le jour de notre victoire. Je pleurais de bonheur.

Je suis allé, le corps lavé, enveloppé de nouvelles chemises, pures de sang, adorer le Sépulcre de Notre Sauveur Jésus.

Puis, comme tous mes frères chevaliers, je suis tombé la face contre terre, les bras en croix, devant le Lieu saint.

Dieu nous avait guidés, mais je n'avais pas imaginé, quand à Clermont j'avais crié : « Dieu le veut », qu'il aurait fallu tant massacrer d'hommes, de femmes et d'enfants, de créatures qui elles aussi étaient l'image de Dieu pour parvenir au terme de notre Croisade.

Je m'apprête à rejoindre ces morts.

Dieu choisit parmi toutes ces vies celles qu'Il juge dignes de Sa clémence.

Serai-je l'un de ces bienheureux ?

Ou bien découvrirai-je qu'Il n'avait pas voulu que ruisselle ce sang qui, au soir de ma vie, emplit ma gorge ?

Que la volonté de Dieu soit faite.

2.

« Seigneur, que Votre volonté soit faite
Sur la terre comme au Ciel. »
Les mots de cette prière m'ont accompagné
tout au long de ma vie. Ils ont été les premiers que j'ai entendus, que
j'ai été capable d'ânonner, que j'ai compris.
Je sais qu'ils seront les derniers que je pro-
noncerai.

Je me souviens de la voix rauque de notre
abbé, Guibert, moine de l'ordre de Cluny.
Il les récitait dans la chapelle de notre château.
Il invoquait la puissance de son ordre, qui
inspirait la *Reconquista* des terres d'Espagne,
arrachées par les Sarrasins à la chrétienté.
Il frappait sa poitrine de son poing fermé,
rappelant toutes les défaites que les chrétiens
avaient subies, les sacrilèges que les Infidèles,
Arabes fatimides du Caire et Turcs seldjoukides,
avaient infligés aux croyants, aux pèlerins qui
se rendaient à Jérusalem, à l'empereur chrétien
de Byzance, Alexis Ier Comnène.

Le fief de Dieu, ces Lieux saints de Golgotha et du Saint-Sépulcre, les villes chrétiennes d'Antioche, de Nicée étaient aux mains des ennemis de Jésus-Christ !

Mais les temps avaient changé. Le pape Urbain II, issu de l'ordre de Cluny, voulait que la volonté de Dieu soit faite, que le fief de Dieu, Jérusalem, revienne entre les mains des disciples du Christ.

J'écoutais. Je grelottais.

Mon père Renaud de Thorenc était agenouillé près de moi, au pied de l'autel de notre chapelle.

De temps à autre, il posait sa main sur ma nuque et je craignais qu'il ne veuille m'enfoncer sous les dalles rugueuses et glacées de la nef.

J'implorais la pitié de Dieu, ne quittant pas des yeux la coupe d'or posée sur l'autel et la croix de bois noir sur laquelle un Christ dont les os perçaient la peau était crucifié.

Mon père souvent s'allongeait sur les dalles les bras en croix et sa paume, lourde, m'obligeait à l'imiter.

Il murmurait le nom de ma mère Axelle, morte le jour de ma naissance, et j'imaginais que mon père voulait me contraindre à la rejoindre.

Guibert de Cluny m'a rassuré.

Mon père portait le deuil d'une épouse qu'il avait quittée pour se rendre en pèlerinage à

Jérusalem. Mais il n'avait pu s'agenouiller devant le Saint-Sépulcre.

Les chevaliers chrétiens avaient été attaqués par les Sarrasins, comme l'avaient été avant eux les sept mille pèlerins allemands guidés par leurs évêques.

Ils avaient été humiliés, rançonnés, égorgés, éventrés, empalés.

On avait contraint certains d'entre eux à pisser sur le Saint-Sépulcre. La plupart avaient choisi de mourir plutôt que d'accomplir ce sacrilège. Quelques-uns avaient rusé, versant du vin dans un étui et le répandant comme pisse sur le Saint-Sépulcre.

Mon père était-il de ceux-là ?

Il avait survécu, s'ouvrant à grands coups de glaive le chemin du retour.

Mais Dieu l'avait-il puni pour avoir survécu sans avoir atteint le but sacré de son pèlerinage ?

Mon père croyait que la mort de ma mère était la pénitence infligée par Dieu et ma naissance l'espérance que j'accomplirais un jour la tâche dont mon père n'avait pas réussi à s'acquitter.

Mon père se redressait, serrait ma nuque entre ses doigts de fer, m'obligeait à me mettre debout, à répéter :

« Notre Père qui êtes aux Cieux
Que Votre volonté soit faite
Sur la terre comme au Ciel. »
Puis il m'armait.

Le poids du heaume, de la cotte de maille, de la lance et du glaive m'écrasait.

Les valets d'armes me soulevaient.

J'enfourchais le cheval qu'on retenait à grand-peine. Puis les valets s'écartaient et mon père piquait le destrier de la pointe de son poignard. Le cheval se cabrait.

Si j'étais désarçonné, mon père me prenait aux épaules, me secouait, ordonnait qu'on me remît en selle.

Il disait à mi-voix, comme une confidence qu'il me réservait, que, serment de Renaud de Thorenc, il ne me laissait le choix − et c'était la volonté de Dieu − qu'entre la mort et la chevalerie.

Alors il a bien fallu que je reste en selle, que j'abaisse ma lance, que je galope vers la quintaine. Ce mannequin accoutré en Sarrasin. Si je le manquais, le mannequin tournait sur lui-même et m'assommait d'un coup de gourdin.

Mon père criait : « Sus à l'Infidèle, chevalier, sus Guillaume de Thorenc. »

Et, pantelant, je donnais un nouvel assaut.

Un jour enfin, je fus adoubé et le père Guibert de Cluny célébra pour moi une longue messe. Les dalles de la chapelle étaient recouvertes de tapis que mon père avait rapportés d'Espagne. Il avait, au-delà des monts, fait reculer les Sarrasins et donné les terres reconquises à l'ordre de Cluny.

C'était noble offrande et bon présage pour la Guerre sainte que s'apprêtait à prêcher notre Saint-Père, le pontife Urbain II.

Le pape avait quitté Rome et cheminait vers le nord de l'Italie. Je partis à sa rencontre en compagnie de Guibert de Cluny. Mon père, atteint d'une langueur mortelle, ne put se joindre à nous.

Mon heure était venue. Je portais l'oriflamme des Seigneurs de Thorenc. Notre blason représentait un avant-bras unissant la terre ocre d'un plateau au ciel bleu de Provence, et serrant dans son poing ganté de fer un glaive dont la large lame à deux tranchants étincelait.

3.

J'avais seize ans en ce mois de février de l'an 1095.

Je chevauchais aux côtés de Guibert de Cluny et cela faisait plusieurs jours déjà que nous avions quitté le château des Thorenc, y laissant mon père dont le corps était devenu exsangue, grand arbre frappé et brûlé par la foudre. Son regard était voilé d'un linceul gris, et sa voix comme étouffée par des cendres qu'il tentait de chasser par de longues toux d'où parfois jaillissait un hoquet de sang noir.

Je n'avais pas voulu l'abandonner, mais il s'était redressé, appuyant ses coudes sur sa couche, et m'avait ordonné de partir.

« Guillaume de Thorenc, mon fils, fais ce que dois, suis Guibert de Cluny, écoute-le, il est féal de Dieu. »

Nous cheminions vers Plaisance, une cité de Lombardie où notre pape Urbain II avait décidé de tenir concile durant la première semaine de mars de l'an 1095.

Des chevaliers provençaux, féaux de Raymond de Saint-Gilles, comte de Toulouse, nous avaient rejoints.

Ils ne me prêtaient aucune attention. Je n'avais combattu que le mannequin de la quintaine alors qu'ils avaient guerroyé en Espagne contre les Sarrasins, et quelques-uns s'étaient rendus en pèlerinage à Jérusalem, sans jamais réussir à parvenir jusqu'au Saint-Sépulcre.

Ils avaient fait serment, comme mon père dont ils vantaient les exploits, de libérer les Lieux saints de la barbarie sacrilège des Arabes du Caire, les Fatimides, ou des Turcs seldjoukides.

Ils parlaient haut, et j'étais tout ouïe.

Ils avaient hâte de se mettre au service du souverain pontife, un Champenois, Eudes de Châtillon, qui, comme Guibert de Cluny, appartenait à l'ordre clunisien et avait conseillé le pape Grégoire VII avant de lui succéder.

C'était, à entendre les chevaliers provençaux, un pape combattant de la foi, qui avait mis à la raison le roi de France Philippe Ier et l'empereur germanique Henri IV.

Ils s'esclaffaient. L'épouse d'Henri IV, l'impératrice Praxède, était venue raconter au pape ce que l'empereur exigeait d'elle dans la couche conjugale, et comment il la forçait à se prostituer, prenant un plaisir maladif à assister à ces ébats diaboliques, la livrant même à Conrad, son fils d'un premier lit.

Quant au roi de France, excommunié pour adultère avec Bertrade de Montfort, Urbain II lui avait accordé jusqu'à la Pentecôte – en mai – pour rompre. Et Philippe Ier avait fait serment d'obéissance au souverain pontife.

À écouter ces chevaliers aguerris, je rêvais de les égaler. Ils me dévoilaient un monde que j'ignorais. Je n'avais jamais vu cité plus belle et plus grande que celle de Plaisance. Elle était envahie par une foule immense. Nous dûmes mettre pied à terre pour parcourir ses ruelles pavées, bordées d'arbres. Guibert de Cluny, qui venait de rencontrer Urbain II, assura que quatre mille clercs et trente mille pèlerins avaient répondu à l'appel du pape. Les envoyés de l'empereur de Byzance, Alexis Ier Comnène, étaient venus à Plaisance pour solliciter l'aide d'Urbain II contre les Turcs menaçants. Les Byzantins voulaient aussi négocier la réunion de l'Église grecque et de l'Église latine, l'union retrouvée de Constantinople et de Rome, qu'un schisme avait séparées depuis quatre décennies. Dieu voulait que tous les chrétiens s'unissent, répétait Guibert de Cluny.

Je ne l'écoutais plus.

Les chevaliers provençaux m'avaient entraîné sous les arcades, puis dans les arrière-cours où se tenaient dans la pénombre des femmes dépoitraillées. Ils m'avaient poussé vers elles.

« Adoubez-le, ce puceau », avaient-ils crié.

Ainsi je devins homme, à Plaisance, un jour de concile, en mars de l'an 1095.

La honte et le remords ne m'envahirent qu'après, quand, le corps brisé, mes poches retournées, ma bourse vide, je retrouvai Guibert de Cluny qui parut ne rien remarquer de mon état, ni même s'être rendu compte de mon absence.

Il m'annonça que nous allions accompagner le souverain pontife qui au-delà des Alpes prêchait la Guerre sainte et se rendait en pèlerinage au Puy.

L'évêque de cette ville, Adhémar de Monteil, avait été chevalier avant d'entrer dans les ordres. Il était le fils du comte de Valentinois, châtelain de Montélimar.

Du Puy, où se rassemblaient chaque année des dizaines de milliers de pèlerins, Urbain II se rendrait à l'abbaye de Cluny, la mère sacrée de l'ordre clunisien, et de là à Clermont d'Auvergne où il tiendrait à nouveau concile.

Des pèlerins étaient déjà en route, marchant vers cette ville qui comptait cinquante-quatre églises.

J'ai chevauché, le corps et l'esprit en feu, aux côtés de Guibert de Cluny.

Les putains de Plaisance avaient semé en moi le désir et j'avais hâte de sentir à nouveau contre ma poitrine les lèvres d'une femme.

Quand nous traversions les villes je m'éloignais de Guibert, et mon regard fouillait les recoins obscurs où il me semblait deviner des femmes aguicheuses.

Mais ni à Crémone, ni à Milan, ni à Asti, puis les Alpes franchies, ni à Valence ni au Puy, je n'osai m'éloigner de notre troupe. Et j'avais la certitude que Guibert de Cluny ne me quittait pas des yeux.

D'un geste impérieux, il m'invitait à le rejoindre, me saisissant parfois par le bras, tirant ma monture contre la sienne. Il semblait vouloir me parler, puis détournait la tête et me demandait de prier avec lui, afin que la volonté du Seigneur s'accomplisse.

C'est quand nous arrivâmes au Puy, dans la ville envahie, ce 15 août 1095, par des milliers de pèlerins, qu'il posa ses mains sur mes épaules, me forçant à m'agenouiller avec lui, à suivre la messe célébrée par Urbain II.

C'est ce 15 août voué à la Vierge qu'il m'apprit qu'un courrier lui avait annoncé que mon père, le valeureux Renaud de Thorenc, baron de Villeneuve, avait été rappelé à Dieu.

« Que son souvenir ne te quitte jamais, me dit Guibert. Tu sais ce que Renaud de Thorenc attendait de toi. »

J'en fis serment cette nuit-là : j'arracherais le fief de Dieu aux Infidèles et je prierais devant le Saint-Sépulcre en souvenir de mon père. Je dirais les prières qu'il n'avait pu prononcer en ce Lieu saint.

« Seigneur, que Votre volonté soit faite
Sur la terre comme au Ciel. »

4.

J'ai prié à Notre-Dame du Puy.

J'ai oublié les corps et les caresses des putains de Plaisance.

Mêlé aux pèlerins, j'ai écouté les récits des chevaliers et des clercs qui s'étaient rendus à Jérusalem dans l'espoir de prier devant le Saint-Sépulcre.

Quand ils ont su que j'étais Guillaume de Thorenc, fils de Renaud de Thorenc, baron de Villeneuve, ils ont tressé ses louanges ; et pleuré sa mort.

Puis ils ont décrit le sort réservé par les Arabes ou les Turcs seldjoukides aux disciples du Christ qui vivaient en ces lieux conquis par les Infidèles.

Les femmes, les sœurs, les filles des chrétiens étaient souvent violentées, contraintes à renier leur foi. Leurs maris, leurs frères ou leurs pères étaient méprisés, humiliés, voués à la condition d'esclave et, pour une parole ou un regard, jetés en prison, torturés et on leur tranchait le poing ou le pied. Les portes de leurs maisons étaient forcées, on jetait à l'intérieur pierres, fientes et boues, immondices.

On accusait les chrétiens de profaner les mosquées, d'y déposer des animaux morts, et on égorgeait les innocents.

Les Turcs seldjoukides, qui avaient battu à la bataille de Mantzikert, en 1071, les armées byzantines, étaient les plus cruels.

Ils ne respectaient ni les chrétiens qui vivaient en Orient, ni les pèlerins ni les Lieux saints.

J'étais impatient d'être l'un des chevaliers qui mèneraient la Guerre sainte.

Mais Urbain II avait décidé que le concile qui devait se tenir à Clermont d'Auvergne ne s'assemblerait que le 18 novembre de l'an 1095.

Et durant près de trois mois nous chevauchâmes, de l'abbaye de la Chaise-Dieu à celle de Saint-Gilles, puis nous remontâmes la vallée du Rhône par Tarascon, Avignon, Saint-Paul-Trois-Châteaux, avant de gagner Mâcon et Cluny. Là, Urbain II consacra l'autel majeur de l'immense basilique de l'abbaye.

Partout, les foules se pressaient, priaient et chantaient, s'agenouillaient au passage du pape qui les bénissait. Il annonçait la tenue du concile à Clermont, et les archevêques, les évêques, les abbés se mettaient en route suivis par les pèlerins. Et quand nous arrivâmes à Clermont, sous le ciel gris, la foule se pressait déjà dans la cathédrale, sur les places, dans les ruelles. Elle était si dense qu'on en oubliait le vent froid qui coulait des cimes d'Auvergne enneigées.

C'est le 27 novembre 1095, debout sur une haute estrade dressée au pied des remparts de Clermont, que, dix jours après l'ouverture du concile, Urbain II prêcha la Guerre sainte. J'étais au deuxième rang, derrière Guibert de Cluny, qui se trouvait aux côtés des évêques et des abbés.

Quand je me retournais, j'apercevais jusqu'aux remparts ces milliers de visages tournés vers Urbain II, dont la voix, soulevée par le vent, était portée jusqu'aux confins les plus reculés de la chrétienté.

« Bien-aimés frères... »

Je ferme les yeux. Je me souviens de chaque mot prononcé par Urbain II.

Ma vie est passée mais quand je me remémore le prêche du souverain pontife, ce 27 novembre 1095, à Clermont, je retrouve l'émotion de ce qui fut pour moi le commencement et j'entends la voix d'Urbain II.

« Bien-aimés frères, poussé par les exigences de ce temps, moi, Urbain portant par la permission de Dieu la tiare pontificale, pontife de toute la terre, suis venu ici vers vous, serviteurs de Dieu, en tant que messager pour vous dévoiler l'ordre divin... Il est urgent d'apporter à vos frères d'Orient l'aide si souvent promise et d'une nécessité si pressante. Les Turcs et les Arabes les ont attaqués et se sont avancés... pénétrant toujours plus avant dans le pays de ces chrétiens, les ont par sept fois vaincus en bataille, en ont tué et fait captifs un grand nombre, ont détruit les églises et dévasté le royaume. Si vous les laissez à présent sans résistance, ils vont étendre leur vague plus largement sur beaucoup de fidèles serviteurs de Dieu.

C'est pourquoi je vous prie et exhorte – non pas moi mais le Seigneur vous prie et exhorte comme hérauts du Christ – les pauvres comme les riches de vous hâter de chasser cette vile engeance des régions habitées par nos frères et d'apporter une aide opportune aux adorateurs du Christ. Je parle à ceux qui sont présents, je le proclamerai aux absents, mais c'est le Christ qui commande... »

Urbain II ordonnait au nom du Christ et les chevaliers autour de moi baissaient la tête comme si la parole du pontife pesait sur leurs nuques, les contraignant à l'obéissance.

« Que ceux qui étaient auparavant habitués à combattre méchamment en guerre privée, contre les fidèles, se battent contre les Infidèles... disait Urbain II. Que ceux qui jusqu'ici ont été des brigands deviennent soldats... Que ceux qui ont été autrefois mercenaires pour des gages sordides gagnent à présent les récompenses éternelles. Que ceux qui se sont épuisés au détriment à la fois de leur corps et de leur âme s'efforcent à présent pour une double récompense. »

Je pensais, tremblant de remords, que le Christ par la voix d'Urbain II me condamnait. N'avais-je pas corrompu mon corps et mon âme avec les putains de Plaisance ?

« Qu'ajouterai-je ? poursuivait Urbain II. D'un côté seront les misérables, de l'autre les vrais riches ; ici les ennemis de Dieu, là ses amis. » Le pape ouvrait ses bras.

« Engagez-vous sans tarder ; que les guerriers arrangent leurs affaires et réunissent ce qui est nécessaire pour pourvoir à leurs dépenses, quand l'hiver finira et que viendra le printemps, qu'ils s'ébranlent allègrement pour prendre la route sous la conduite du Seigneur. »

J'ai dit déjà, au commencement de cette chronique, qu'Urbain II avait proclamé la rémission de « tous les péchés de ceux qui partiront pour cette Guerre sainte ».

Mais j'étais trop emporté par la ferveur et la passion de servir Dieu pour m'attacher à cet avantage. Et je crois que la plupart des chevaliers partageaient mes sentiments.

Nous étions des soldats du Christ, nous voulions le servir et sacrifier notre vie comme il nous avait fait don de la sienne.

Et quand Urbain II a répété : « Engagez-vous sans tarder », nous avons répondu : « Dieu le veut. »

Ces cris résonnaient encore quand j'ai vu l'évêque du Puy, Adhémar de Monteil, gravir les marches qui conduisaient à l'estrade, et s'agenouiller devant Urbain II.

Son visage rayonnait, éclairé à cet instant par le soleil couchant.

Il dit d'une voix haute qu'il sollicitait le privilège de s'enrôler le premier dans l'armée de la Guerre sainte. Il suppliait le pape d'accepter sa supplique et de lui accorder sa bénédiction.

« Dieu le veut ! » scanda la foule des pèlerins et des chevaliers, et je mêlais ma voix à cette houle énorme qui s'élevait.

Urbain II se pencha, invita Adhémar de Monteil à se redresser et, posant sa main sur l'épaule de l'évêque, il dit qu'il le bénissait et le choisissait comme son représentant et celui de la Sainte Église à la tête de ceux qui composaient la cohorte du Christ.

« Que tous lui obéissent », ajouta-t-il.

« Dieu le veut » fut la réponse de la foule.

Puis il y eut grand tumulte, les rangs s'écartaient devant une troupe de chevaliers qui portaient le blason de Raymond de Saint-Gilles, comte de Toulouse. Ils étaient les légats du plus puissant feudataire du roi de France et ils venaient annoncer que celui-ci prendrait la croix.

« Dieu le veut. »

La foi et l'impatience me dévoraient.

J'avais hâte de partir pour cette Guerre sainte, d'offrir ma vie, d'accomplir le vœu de mon père.

Mais j'appris, le lendemain, que le souverain pontife avait fixé au mois d'août 1096 le début de notre Croisade.

Ce fut une grande désillusion. Que faire ?

Je demeurai quelques semaines à Clermont où, comme moi, de nombreux Croisés s'attardaient.

Le pape, qui s'apprêtait à parcourir la France et l'Italie pour y prêcher la Guerre sainte, avait donné l'ordre à tous ceux qui avaient fait vœu de partir de coudre sur l'épaule de leurs manteaux, à leurs casaques ou à leurs tuniques une croix. Certains chevaliers choisirent des croix brillantes de soie ou d'or.

Je fus de ceux qui se contentèrent d'une croix de drap.

Moi, Guillaume de Thorenc, je n'étais qu'un humble chevalier d'à peine seize ans qui n'avait affronté que le mannequin de la quintaine.

Je devais d'abord servir Dieu avant de tirer gloire d'un nom que mon père avait illustré.

Il me fallait pour cela combattre des ennemis de chair et de sang et non de paille et de son.

5.

J'ai chevauché auprès du père Guibert de Cluny, confident et secrétaire d'Urbain II.

Nous avions quitté Clermont et je faisais partie de l'escorte du souverain pontife.

J'imaginais tout au long de la journée, alors que nos montures avançaient au pas, les chemins de la Terre sainte et ces Sarrasins, ces Turcs, ces Arabes fatimides, tous ces Infidèles qui profanaient les Lieux saints.

J'avais hâte de trancher leurs têtes.

Point d'hésitation et point de pitié. Les tuer n'était pas un homicide mais un malicide.

Le père Guibert me répétait qu'occire un musulman et mourir de la main d'un Infidèle était servir Dieu. Le Seigneur m'appellerait auprès de Lui parce que j'avais tué l'un de Ses ennemis et donné ma vie pour la Sainte Cause.

Dieu le veut.

Les chevaliers parmi lesquels je me trouvais s'étaient rendus en pèlerinage à Jérusalem.

J'écoutais leurs récits qui se répondaient comme lances et glaives dans un tournoi.

« Ce chien de musulman, disait l'un, a prêté serment sur son Livre saint, jurant que si je lui versais trois pièces d'or il me permettrait de prier devant le Saint-Sépulcre. J'ai payé la redevance, et sa langue de miel est devenue langue empoisonnée. Cinq Infidèles se sont jetés sur moi, me rouant de coups, arrachant mes vêtements, et je n'ai pu survivre qu'en fuyant, nu, sans arme. »

Un autre racontait comment Raymond de Saint-Gilles, comte de Toulouse, avait eu l'œil crevé par l'un de ces perfides. Le comte venait de se croiser pour venger les offenses subies, les traîtrises, les humiliations, et son œil perdu.

Et les chevaliers juraient de faire rendre gorge à ces Infidèles et d'offrir ainsi au Seigneur les Terres sacrées.

Ces lieux où Jésus avait prêché, avait été crucifié, et avait ressuscité deviendraient terres franques, débarrassées des profanateurs.

Ces récits parcouraient mon corps comme du sang bouillant, et la vue des foules qui accueillaient Urbain II me rendait plus impatient encore.

La ferveur emplissait la nef des églises et les places des cités. Dans chaque ville, Urbain II prêchait et ce « Dieu le veut » qui palpitait en moi répondait à ses paroles.

Le souverain pontife rappelait que tous ceux qui prendraient part à la Guerre sainte connaîtraient la rémission de leurs péchés. Mais malheur à celui qui, ayant pris la croix, n'accomplissait pas son vœu et ne partait pas pour Jérusalem. Il serait excommunié et connaîtrait l'enfer.

Dieu le veut.

Guibert de Cluny me chargeait souvent de porter, à bride abattue, les missives pontificales adressées aux évêques des cités dans lesquelles Urbain II comptait se rendre.

Ainsi, je fus à Limoges, à Poitiers, au Mans, à Vendôme, à Sablé, à Marmoutier, à Tours, à Saintes, à Bordeaux, à Toulouse, à Carcassonne. Et en bien d'autres villes encore.

Je regardais ces chevaliers, ces paysans, ces pauvres et ces puissants, ces barons et ces manants, qui s'agenouillaient devant Urbain II entouré des évêques et des abbés.

Le pape demandait à ceux qui se croisaient de vendre leurs biens, de les remettre entre les mains des abbés des grands monastères, car il fallait que chaque pèlerin, chaque soldat assurât sa subsistance jusqu'à Jérusalem.

« Point de pillage et point d'aumône au long des chemins », avertissait-il.

Les démunis hurlaient leur peine. Ils voulaient servir et honorer Dieu, connaître eux aussi les Lieux saints, là où tous les morts ressusciteraient.

Ils partiraient, clamaient-ils, aucune force humaine ne pourrait briser l'élan qui les poussait vers Dieu, vers le Saint-Sépulcre.

Le pape ne voulait pas les entendre.

« Point de pillage et point d'aumône »,
répétait-il.

Puis il haussait la voix, commandait aux
jeunes mariés de ne pas abandonner leurs
femmes sans leur consentement.

Ces propos me troublaient.

J'étais seul. J'avais légué tous mes biens à
mon frère Guy de Thorenc, et je n'avais que
quelques pièces qui tintaient au fond de ma
bourse trop grande.

Je n'avais pas d'épouse et mon frère Guy
avait femme, grosse déjà d'un enfant à naître.

Et moi ? J'étais comme un mendiant sans
terre, sans chausse, sans toit ni feu.

Mon glaive était ma seule richesse.

Le désespoir naissait de ma misérable condition. Il m'habitait parfois plusieurs jours et
c'était moins la prière que la haine que je
vouais aux ennemis de Dieu qui m'arrachait à
mes sombres humeurs.

Je me confessais au père Guibert de Cluny,
mais il me houspillait, m'assurant qu'un seul
combat suffirait à rendre mon âme forte et
claire. Et il m'incitait à tuer tous ceux qui
feraient obstacle à notre Sainte Volonté.

Point de clémence et point de salut pour
les Infidèles.

Je fus cependant saisi d'effroi quand je vis, dans les villes que nous traversions – était-ce à Tours ou en Avignon, je ne sais plus tant de sang a coulé depuis ces jours-là –, des Croisés se jeter, masse d'armes levée, bâtons et poignards brandis, sur des femmes, des enfants et quelques hommes dont l'allure, les vêtements étaient ceux des Juifs.

La tuerie accomplie par ces manants qui arboraient la croix et non par des chevaliers fut brève. Il suffit de quelques coups de gourdin pour fracasser les têtes et briser les corps.

Les chevaliers autour de moi ricanaient, comme seigneurs qui, en chasse, ont lâché leurs chiens.

Certains les excitaient de la voix, criant : « Tue le Juif, tue-le. » D'autres, du plat de leur glaive et du bout de leur lance, écartaient les tueurs de leurs proies ; sauvant ainsi des vies.

Tous s'étonnèrent de mon silence, se moquèrent de la pâleur de mon visage, de mon comportement de damoiselle.

Avais-je oublié que les Juifs avaient voulu la crucifixion de Jésus ?

Que pour ce peuple déicide, le Christ n'était – c'est ainsi qu'ils le nommaient – qu'un bâtard pendu à la Croix !

Les Juifs étaient les premiers des Infidèles, capables d'égorger les nouveau-nés avant qu'ils ne fussent baptisés dans notre Sainte et Juste Foi.

On me raconta même que les Juifs avaient fait bouillir un chrétien et qu'ils avaient versé l'eau grise dans les puits afin d'empoisonner nos frères chrétiens.

« Ne pleure jamais un Juif, Guillaume de Thorenc ! »

J'ai écouté.

J'ai vu les corps ensanglantés qu'on piétinait.

Puis la foule se détournait, priait et répondait à Urbain II qui achevait son prêche :

« Dieu le veut ! »

Je n'ai pas joint ma voix à celles de ces hommes qui venaient de tuer. Je me suis étourdi de prières pour étouffer mes doutes, comme on boit jusqu'à l'ivresse.

Je ne voulais pas occire des Juifs aux mains nues, leurs femmes et leurs enfants.

Je désirais combattre des ennemis en armes face auxquels je risquerais de perdre la vie.

La guerre n'était sainte qu'à ce prix.

6.

En ce temps-là, dans l'hiver 1096, mon esprit était donc en désordre.

J'étais l'un des courriers du souverain pontife, j'allais d'une cité à l'autre, et de la plus fière à la plus humble, je voyais les foules se rassembler, prier, prendre la route de Jérusalem. Les paysans ferraient leurs bœufs, comme on le fait aux chevaux, les attelaient à des chariots à deux roues sur lesquels ils entassaient quelques hardes, de maigres provisions et leurs enfants.

Ils n'écoutaient pas leurs prêtres qui les mettaient en garde contre les pièges et les malheurs qu'ils devraient affronter tout au long de cette interminable route, jusqu'à la Terre sainte.

Moi, j'approuvais et partageais leur impatience.

J'oubliais le désir que j'avais parfois, puisque les armées de la Guerre sainte ne s'étaient pas encore constituées, de retrouver le château des

Thorenc, d'y prendre épouse, d'y fonder la lignée, d'initier mon frère Guy de Thorenc.

Ma tentation était d'autant plus forte que dans plusieurs villes j'avais vu cette foule pieuse, dévorée par la ferveur et la foi extrême, se jeter avec des cris de rapaces sur les Juifs, les écharper, les massacrer, ainsi à Rouen.

Alors le désespoir mêlé au dégoût me submergeait, comme il l'avait fait lors de la première tuerie à laquelle j'avais assisté. Si la Guerre sainte laissait derrière elle une traînée de sang, il me fallait la fuir. Et je ne craignais même pas l'excommunication, sûr au fond de moi que le père Guibert de Cluny me protégerait et pardonnerait ma conduite.

Je pensais ainsi certains jours.

Mais mon corps et mon âme étaient feuilles si légères qu'un souffle suffisait à les entraîner, à les faire tourbillonner.

Un matin, sur un chemin du Berri, alors que je regagnais l'escorte d'Urbain II, je vis une foule immense, d'hommes et de femmes agenouillés devant un calvaire.

Un homme était debout près de la croix, trop loin de moi pour que je puisse distinguer ses traits, mais sa voix entrait en moi comme aucune autre, et même celle du souverain pontife à Clermont, ne l'avait fait.

Il s'interrompait souvent et je devinais qu'il se prosternait devant la croix, peut-être y frappait-il son front.

Puis il sanglotait, criait : « Ils ont crucifié notre Seigneur et ils saccagent la Terre sainte. Faisons serment devant Dieu de les chasser, de rendre au Seigneur Son fief. »

Il s'avançait dans la foule, ajoutait d'une voix saccadée : « Il m'a donné la mission de rassembler les fidèles, de marcher avec eux jusqu'au Saint-Sépulcre. Notre pape Urbain II m'a écouté, il a reconnu la parole du Seigneur dans ma bouche ! Suivez-moi, mes frères en Christ... »

L'assemblée était en transe et je me suis agenouillé, j'ai tremblé, j'ai répété : « Dieu le veut. »

J'ai su à cet instant que si un Sarrasin ou un Juif s'était présenté devant moi, je l'aurais fendu avec le tranchant de mon glaive, et j'aurais avec une lame embroché sa femme et ses enfants en hurlant : « Tuons-les tous pour la plus grande gloire de Jésus-Christ. »

Je me suis approché du prédicateur, que la foule nommait Pierre l'Ermite.

C'était un moine qui avait vécu dans les forêts proches d'Amiens, puis s'était rendu à Jérusalem, et une nuit, dans l'église du Saint-Sépulcre, le Seigneur lui était apparu, lui ordonnant de se rendre à Rome, d'y rencontrer le souverain pontife.

« Dieu a été entendu, disait-il, la Croisade commence, rien ne l'arrêtera. Dieu nous guide. »

Il parlait d'une voix tonnante, tout à coup douce et implorante. Bien qu'il fût de petite taille, il paraissait immense, ses bras nus en croix, ses yeux flamboyants dévorant son visage émacié et brun.

Il portait une tunique de laine et par-dessus un manteau de bure qui lui descendait jusqu'aux talons. Il allait pieds nus.

Autour de moi, les vagabonds, les paysans, les démunis, tous ces pauvres qui le suivaient, murmuraient que ce saint homme était comme le Christ, qu'il ne se nourrissait que d'un peu de poisson et d'une gorgée de vin, laissant le pain aux pèlerins.

Tous croyaient que Pierre l'Ermite et sa monture, un âne, étaient les protégés de Dieu.

Il me vit, fit un signe de croix, et je me mis à trembler comme s'il venait de me baptiser et de me bénir.

« Viens avec nous, chevalier, Dieu le veut. »

Je l'ai suivi.

Je n'avais jamais rencontré un homme comme lui, suscitant la dévotion, faisant trembler les corps et les âmes.

Était-ce cela un prophète ?

On s'agenouillait devant lui. On pleurait. On tremblait en l'écoutant. On embrassait les bords de sa tunique de laine, on se bousculait pour tenter de toucher sa robe de bure, dont chaque fil devenait une relique. On caressait son âne, comme si c'était celui qui, à Bethléem, avait réchauffé de son haleine le corps de l'Enfant Jésus.

Ainsi j'ai parcouru, aux côtés de Pierre l'Ermite, les pays du Berri, de l'Orléanais, de Chartres et tant d'autres.

J'ai marché, moi chevalier, comme un pauvre parmi les pauvres. Je les entendais s'écrier quand au loin apparaissaient un château, une ville : « Voilà Jérusalem. »

Ils se mettaient à courir jusqu'à ce que Pierre l'Ermite les détrompe, les invite à prier, à accepter ce chemin de croix qui serait celui de la Croisade.

Et les vagabonds, les paysans, les mendiants, les bossus et les boiteux, les milliers de pauvres reprenaient leur marche.

Notre foule en haillons a ainsi gagné la Champagne puis, par la vallée de la Moselle, nous nous sommes dirigés vers les villes des bords du Rhin, vers Trèves et Cologne.

Des bandes dont les chefs se nommaient Gautier Sans-Avoir, Geoffroy Burel, Gautier de Breteuil, Gottschalk, nous ont rejoints. Ils se disaient Croisés mais ils ressemblaient à des brigands. Ils rêvaient de rapines et de pillages. Ils racontaient comment à Rouen ils avaient massacré les Juifs et s'étaient partagé leurs biens.

Les survivants avaient dû écrire sous la dictée une lettre aux communautés juives des villes rhénanes, en les invitant à bien accueillir le porteur de cette missive, et à fournir les vivres nécessaires à l'armée que cet homme conduisait qui ne pouvait être que Pierre l'Ermite.

Combien de Juifs avait-il fallu menacer, tuer, pour que ceux qu'on avait épargnés prodiguent de tels conseils ?

Pierre l'Ermite avait-il participé à ce massacre et obtenu ainsi ce qu'il désirait pour sa troupe dont je faisais partie ?

Aujourd'hui, alors que j'écris cette chronique et que ma vie s'éteint, ces questions sont des plaies ouvertes. Mais au printemps de l'an 1096, je suivais Pierre l'Ermite comme l'un de ces mendiants aveugles qui voulaient parvenir à Jérusalem où le Christ, ayant vaincu le mal, leur rendrait la vue.

Ces pèlerins aux yeux voilés ou crevés marchaient, attachés les uns aux autres, et le premier de leur file avait ses mains posées sur les épaules d'un voyant qui les guidait.

La nuit venue, ils dormaient, leurs corps entremêlés comme des épis liés en meule.

7.

Au matin, alors que la brume froide de la nuit nous ensevelissait encore, nous nous agenouillions épaule contre épaule.

Nous suivions la messe que célébrait Pierre l'Ermite, debout au centre de la clairière que nos corps grelottants dessinaient.

Sa voix s'élevait, portée par nos prières. Et le ciel tout à coup se dévoilait.

Puis nous reprenions notre marche.

Quand nous longions des vergers, les pèlerins s'égaillaient, courant entre les arbres dont ils secouaient les branches.

Ils revenaient, serrant contre eux des fruits encore verts.

Certains avaient capturé des poules et, tenaillés par la faim et la soif, ils en buvaient le sang, mordant la chair de l'animal qu'ils venaient d'étrangler.

Le 12 avril, samedi saint de l'an 1096, nous sommes entrés dans Cologne comme un torrent boueux et dévastateur, dont rien ne peut arrêter le cours, endiguer les flots.

Nous étions des milliers et nous nous sommes répandus dans toutes les rues et toutes les places de la ville.

Les habitants se signaient et je lisais sur les visages la surprise et la crainte. Ceux-là pensaient à leurs biens, à leur vie. Ils devinaient les rêves de pillage des plus démunis et des plus affamés des pèlerins.

Mais les pauvres et les mendiants de la ville, ceux qui vivaient d'aumônes et des reliefs du repas des puissants, se joignaient à nous.

Pierre l'Ermite les bénissait et commençait aussitôt à prêcher, annonçant qu'il demeurerait quelques jours à Cologne, pour que les fidèles de Jésus, qui voulaient libérer la Terre sainte, puissent s'enrôler dans notre « armée », la seule qui s'était déjà mise en route.

Rares furent ceux qui prirent la croix et il y eut dispute entre Pierre l'Ermite et Gautier Sans-Avoir.

Ce chef de bande voulait quitter au plus vite Cologne, gagner la Hongrie, entrer sur les terres byzantines, être avec sa troupe le premier à atteindre Constantinople, puis Jérusalem.

J'hésitai. Devais-je le suivre ?

Sa troupe était maigre et seuls huit chevaliers l'accompagnaient.

« Va avec lui, me dit Pierre l'Ermite. Tu seras mes yeux et mes oreilles. »

Il me bénit et je partis.

Gautier Sans-Avoir ouvrait la route, entouré de ses huit chevaliers, et j'étais le neuvième, loin de lui, qui portait cousue sur sa tunique la croix des soldats du Christ, mais qui avait dans la bouche non des prières mais des jurons et des malédictions.

Lorsque nous faisions halte au bord de l'un de ces fleuves aussi larges que des bras de mer, il s'approchait de moi, d'un pas lourd, le regard chargé de mépris, et d'une voix rugueuse, il me lançait : « Tu vas apprendre à tuer, Guillaume de Thorenc, tu vas devenir cruel comme un chien enragé, parce que c'est ainsi qu'on mène la guerre, sainte ou privée. »

Il s'adressait aux hommes qui nous entouraient :

« Eux ne sont pas chevaliers, mais regarde-les, ils sont sans hésitation ni remords, comme doivent l'être les hommes de guerre. »

Il ouvrait les bras et lançait : « Et ne sommes-nous pas les soldats du Christ ? »

Ses hommes l'approuvaient en ricanant.

Point d'estropiés ou d'aveugles dans leurs rangs, mais des pillards, des gens de dague et de masse d'armes.

Ils se répandaient dans les campagnes, volaient le bétail des paysans, pillaient les maisons, violentaient les femmes et s'enfuyaient quand les Hongrois ou les Petchenègues, aux ordres du roi de Hongrie, Coloman, ou bien des mercenaires de l'empereur byzantin Alexis Ier Comnène tentaient de les encercler.

Ils nous rejoignaient alors que nous avions repris notre marche. Et, comme toute la bande, je me suis nourri de leurs vols.

Lorsque nous approchions d'une ville, elle fermait ses portes. Je me souviens des hauts murs de Belgrade, des remparts de Nis, de Sofia et de Philippopolis, et des fortifications de Constantinople.

L'empereur autorisa Gautier Sans-Avoir à attendre hors de la ville l'arrivée de Pierre l'Ermite et de ses milliers de Croisés.

Je décidai alors de quitter la bande, d'aller à la rencontre de Pierre l'Ermite et de lui faire le récit des événements qui avaient jalonné la longue marche de Gautier Sans-Avoir et de ses « Croisés ».

Mais pouvais-je encore nommer ainsi ces hommes d'armes plus que de foi ?

Cette question, pourtant, ne me torturait plus. Le frêle et naïf chevalier ne s'étonnait plus du sang répandu.

J'avais vu, près de la ville de Semlin, seize des hommes de Gautier Sans-Avoir châtiés à coups de trique par les Hongrois qui les avaient capturés.

Ils les avaient dépouillés de leurs vêtements, et c'est entièrement nus, le corps ensanglanté et strié de grandes traînées brunes, qu'ils avaient rejoint la bande.

On les avait injuriés, accusés de s'être laissé prendre et humilier. Et ils avaient dû rester nus, ne recevant des vêtements qu'à l'étape. Et ils s'étaient entretués pour une tunique brodée. C'est là mœurs de guerre et non de Croisade sainte !

Et chaque jour, tout au long de la route, il y eut combat, à main armée, entre les hommes de Gautier Sans-Avoir et les Hongrois ou les Grecs qui défendaient leurs récoltes et leurs troupeaux, et protégeaient leurs villes.

Et je me suis battu, aux côtés des chevaliers et des pillards de Gautier Sans-Avoir.

Comment ne pas prendre son glaive quand on entend les cris aigus de soixante Croisés que les Hongrois ont enfermés dans une chapelle, à laquelle ils ont mis le feu.

Ces voix folles des Croisés brûlés vifs, je les entends encore.

8.

J'ai quitté Gautier Sans-Avoir et sa bande, la tête pleine de hurlements, de flammes, de pillages, de combats.

Je les ai laissés parqués comme du bétail sous les murs de Constantinople. Les mercenaires du Basileus Alexis Ier Comnène leur interdisaient de s'approcher des portes de la ville immense et rutilante dont je n'avais aperçu que l'or des coupoles.

J'ai chevauché comme on fuit, désireux d'oublier ce que j'avais vu, entendu, fait.

J'espérais, allant à la rencontre de l'armée de Pierre l'Ermite, retrouver cet élan qui m'avait conduit à le suivre, à me séparer de l'escorte du souverain pontife.

J'ai cru que je pouvais renaître, et que me confessant à Pierre l'Ermite, je recevrais sa bénédiction, et ce serait comme un nouveau baptême.

Je cheminerais à ses côtés jusqu'à Jérusalem et je mènerais avec ces pauvres, ces vagabonds, ces estropiés, ces femmes avec leurs enfants, une Guerre sainte.

Mais au fur et à mesure que j'avançais, chevauchant le long des berges des grands fleuves, de l'ample Danube à la Drave et à la Save, mon rêve s'effritait.

J'apercevais des groupes de Croisés hirsutes, dépenaillés, bruyants, menaçants, en quête de butins.

Certains traînaient des chariots sur lesquels des femmes offraient leur corps.

J'ai dû plusieurs fois m'éloigner au galop afin d'éviter d'être capturé. Pour s'emparer de mon cheval, je devinais qu'ils étaient décidés à m'occire.

J'ai donc choisi de m'enfoncer dans les forêts, et tout à coup je me suis trouvé face à une foule que guidait Pierre l'Ermite.

J'ai réussi à m'approcher de lui, à lui crier que j'étais Guillaume de Thorenc. J'avais rempli la mission qu'il m'avait confiée. J'avais atteint avec Gautier Sans-Avoir Constantinople.

Pierre l'Ermite n'a pas prêté attention à mes propos, semblant ne pas me reconnaître, m'invitant à me joindre aux chevaliers de son armée. Puis il s'est éloigné, cependant que l'un des chevaliers, Geoffroy Burel, me contait comment Pierre l'Ermite avait ordonné de prendre d'assaut la ville de Semlin.

Nous avions avec la bande de Gautier Sans-Avoir longé les murs de cette ville, et c'est non loin d'elle que les Hongrois avaient battu et dénudé seize de nos compagnons.

Les chevaliers de Pierre l'Ermite avaient voulu s'emparer de Semlin quand ils avaient vu, suspendues aux murs de la ville, les armes des seize Croisés de Gautier Sans-Avoir.

Pierre l'Ermite était entré le premier dans Semlin. La bataille avait été acharnée, et quatre mille Hongrois avaient succombé. Une centaine de Croisés avaient péri.

Ç'avait été jour de vengeance dans la ville, répétait Geoffroy Burel.

Et puis ripaille, pillages, meurtres dans toute la campagne environnante.

Des villages avaient été incendiés. Après quelques jours, l'armée s'était remise en marche, traversant la Save sur des radeaux construits avec les débris des maisons saccagées, brûlées. Les Petchenègues qui avaient choisi de devenir des mercenaires d'Alexis Ier, montés sur des barques, avaient tenté de les arrêter, coulant les radeaux, égorgeant les survivants, et Pierre l'Ermite avait donné l'ordre de mettre à mort tous les Petchenègues capturés.

Je me suis tu.

La guerre avait fait du moine que j'avais suivi le frère de Gautier Sans-Avoir.

La Guerre sainte était aussi une mise à mort.

On mourait de la main cruelle des Hongrois, des Petchenègues, des Bulgares qui, comme si nous étions des serfs, encadraient notre troupe et tuaient ceux d'entre nous qui se rebellaient.

On mourait de faim, d'épuisement, des maux qui rongeaient notre corps, et aussi des jalousies et des haines qui nous opposaient.

On mourait de désespoir car nous n'espérions plus atteindre la Terre sainte.

J'avais reçu aux côtés de Pierre l'Ermite les ambassadeurs de l'empereur byzantin.

Leurs paroles étaient bienveillantes, pleines de sagesse, mais leurs yeux et leur bouche disaient l'inquiétude, la colère, le mépris.

Ils nous annonçaient que l'empereur avait donné l'ordre que des vivres soient disposés le long de notre route.

Pierre l'Ermite les bénissait, mais les ambassadeurs, d'une voix rude, prévenaient que les soldats du Basileus ne toléreraient aucun pillage. Nous devions suivre le chemin choisi par l'empereur. Point d'avant-garde, point de traînards et point de rapines. Tous les Croisés qui quitteraient notre troupe seraient châtiés.

Mais comment faire entendre raison à ces vagabonds aux yeux gris de fatigue et de faim ?

Ils n'entendaient pas nos recommandations, nos prières, nos ordres. La faim les tenaillait. Et ils quittaient le chemin, couraient vers les villages, les vergers, commençaient à piller, à rapiner. Et les soldats d'Alexis Ier Comnène les tuaient.

On se vengeait en pillant Belgrade. On attaquait la ville de Nis, et on incendiait les maisons des faubourgs.

Alors les Hongrois, les Petchenègues, les Bulgares, fondirent sur nous, leurs armes pareilles aux griffes et au bec des rapaces, et notre troupe se déchira en mille lambeaux de chair offerte.

Pierre l'Ermite tenta de rassembler les fugitifs. On sonna sept fois les trompettes afin qu'ils rejoignent ce qui restait de l'armée des Croisés.

On attendit trois jours, mais nous ne vîmes surgir de la forêt que quelques centaines de Croisés, hagards, blessés, chancelants.

Les milliers d'autres n'étaient plus que cadavres que déchiquetaient les loups.

Nous n'avions plus de chariots. Nous n'étions plus qu'une petite troupe de démunis. Nous ne pouvions qu'accepter d'obéir à l'empereur qui fit dire par ses ambassadeurs qu'il était désireux de faciliter notre marche. Ses sujets nous feraient l'aumône, nous donneraient des vivres, mais il nous était interdit de demeurer plus de trois jours dans une ville.

Nous devions nous soumettre, et j'avais peine et honte d'accepter, moi chevalier, l'aumône et la charité des habitants de Philippopolis et d'Andrinople.

Mais Pierre l'Ermite remerciait l'empereur, qui promettait de le recevoir dès que notre troupe serait parvenue à Constantinople.

Le premier je vis le soleil couchant et rouge incendier les coupoles d'or, et toute notre maigre troupe accéléra sa marche.

Le 1ᵉʳ août 1096, nous arrivâmes sous les murs de Constantinople. Gautier Sans-Avoir s'avança vers nous, entouré de Croisés venus d'Italie.

Nous nous donnâmes l'accolade et, nous agenouillant, nous priâmes Dieu de bien vouloir nous guider jusqu'au Saint-Sépulcre.

À cet instant, j'étais fier d'être un chevalier de la Guerre sainte.

9.

Ma fierté ne fut qu'une brève ivresse qui, après quelques heures, laissa place à la honte.

Marchant le long des murs de Constantinople, dont les portes étaient fermées et gardées, je découvris cette armée de pèlerins, d'enfants et de femmes, affamés, épuisés, en guenilles, et de pillards avides aux regards assassins.

Les uns quémandaient, imploraient. Les autres mettaient à sac les églises, les palais, les maisons des faubourgs abandonnées par leurs habitants.

Je vis ce que je n'appelais plus des Croisés mais des brigands sacrilèges arracher les feuilles de plomb qui servaient de toitures aux églises afin de les vendre.

D'autres saccageaient les maisons après les avoir pillées.

Dans cette foule errante et tumultueuse, je cherchai Pierre l'Ermite. Je le retrouvai enfin, entouré des chevaliers de la bande de Gautier Sans-Avoir.

Pierre l'Ermite venait de rencontrer l'empereur Alexis Ier et celui-ci avait ordonné aux Croisés de quitter les faubourgs et d'embarquer sur les navires byzantins qui, dans les jours à venir – moins d'une semaine –, les transporteraient sur l'autre rive du Bosphore.

Ils attendraient en Asie les armées des Croisés qui, ayant à leur tête les barons, les rejoindraient. Les services impériaux leur assureraient nourriture et protection.

Mais ils devaient quitter les faubourgs de Constantinople de gré ou de force.

L'empereur nous chassait.

Nous n'étions pas une armée, mais une poignée de chevaliers accompagnés d'une multitude de gens sans armes, « aussi nombreux que les grains de sable de la mer et les étoiles ». À les voir, on aurait dit des fleuves qui confluaient de partout... Car c'était tout l'Occident qui émigrait par familles entières et marchait vers l'Asie en traversant l'Europe d'un bout à l'autre.

C'était ainsi qu'Anne Comnène, la fille de l'empereur Alexis Ier, décrivait les pèlerins et les Croisés qui suivaient Pierre l'Ermite.

J'étais l'un d'eux.

Qu'étaient devenus mon honneur et ma fierté de chevalier ?

Car si j'ignorais les propos d'Anne Comnène, j'aurais pu les tenir. Le long des hauts murs de la capitale de l'Empire chrétien qui nous rejetait, j'entendais les récits des pèlerins. Les nouveaux arrivants ajoutaient le crime au pillage. Et je reconstituais, accablé et indigné, ce que ces hommes qui prétendaient servir Dieu avaient accompli.

J'ai retenu les noms de ces chefs de bande venus d'Allemagne et de France. Les uns étaient prêtres, les autres seigneurs, barons, comtes. J'ai rencontré certains d'entre eux, qui se proclamaient disciples de Pierre l'Ermite et portaient la croix.

Ils se nommaient Folkmar, Gottschalk, vicomte de Melun, Dreux de Nesle, et tant d'autres.

Ils étaient comme des taches noires et purulentes sur le corps de la Croisade.

Ils n'étaient pas le visage de la Guerre sainte mais la peste qui peut corrompre la foi au nom de la foi.

Ils utilisaient la foi des croyants pour justifier et commettre leurs exactions.

Le prêtre allemand Gottschalk prêchait la Croisade et avait rassemblé autour de lui quinze mille pèlerins qui, entrés en Hongrie, se jetèrent sur les paysans comme des loups, pillant, dévastant les récoltes, chargeant sur leurs chariots les tonneaux de vin et les sacs d'orge, égorgeant les brebis, dépeçant les bœufs.

Les paysans qui résistaient étaient battus, mutilés, et ces brigands riaient en racontant comment ils avaient empalé un jeune Hongrois.

Dieu avait-il voulu ces crimes ?

J'ai cru – je crois que Dieu me rappelait que l'homme, fût-il engagé dans une Guerre sainte, peut devenir une bête cruelle.

Et je l'ai été.

Les soldats de Coloman, roi de Hongrie, avaient encerclé les hommes de Gottschalk, exigeant qu'ils remettent leurs armes, après quoi ils seraient autorisés à continuer leur route.

Ils durent s'exécuter et, aussitôt désarmés, on les massacra.

Les loups s'entre-dévoraient.

Gottschalk réussit à fuir et je l'ai rencontré dans les faubourgs de Constantinople.

Son visage émacié était une lame de couteau ensanglantée.

J'ai vu des hommes plus monstrueux que lui, même si tous avaient du sang au fond de leurs yeux, et en croisant leur regard j'ai su qu'ils me tueraient sans que leur main hésite ou tremble.

Il y avait Folkmar, qu'une dizaine de milliers d'hommes suivaient et qui ordonnait d'occire tous les Juifs qui refusaient le baptême et de tuer aussi ceux qui l'avaient accepté parce que la haine et la volonté de piller étaient plus fortes que toutes les promesses.

Les hommes de Folkmar enfonçaient les portes des palais épiscopaux où les évêques avaient accueilli les Juifs. Folkmar chassait les évêques et ses hommes tuaient les Juifs, les accusant d'être le peuple déicide. Puis ils pillaient.

Je n'ai pas connu le plus cruel de ces tueurs. Il se nommait Émich, comte de Leiningen. Son château se dressait sur les bords du Rhin. C'était un seigneur de proie, rançonnant, torturant, violant, vivant de rapines et de crimes.

Il prétendit être touché par la grâce et assura qu'un envoyé de Dieu avait gravé dans sa chair une croix et lui avait annoncé qu'il serait l'un des Croisés sur qui Dieu veillait afin qu'il atteigne la Terre sainte et soit, là-bas, récompensé.

On écouta Émich de Leiningen.

Les pèlerins démunis et ceux qui avaient choisi pour guide une oie, imaginant que cet animal était inspiré par Dieu, le suivirent. Et des seigneurs rapaces, suppôts du diable et non de Dieu, prêts à toutes les exactions et à toutes les débauches, rejoignirent Émich.

J'ai rencontré certains d'entre eux, tels Guillaume Charpentier, vicomte de Melun, et Hartmann de Dillingen.

Les Juifs de Spire, de Trèves, de Worms, de Mayence, de Cologne furent leurs victimes.

Les hommes de la bande d'Émich de Leiningen se rassemblaient devant les maisons des Juifs. La population les rejoignait. On criait qu'il fallait venger la mort du Christ en laissant couler le sang des Juifs.

On avait hâte de massacrer, car la mort ouvrait la porte au pillage.

Parfois les Juifs tentaient d'acheter la clémence de tel ou tel de ces tueurs, et ceux-ci se prêtaient à ce marchandage. Les Juifs apportaient l'argent, puis aussitôt qu'ils avaient remis ces pièces d'or jusque-là enfouies dans des cachettes sûres, ils étaient égorgés.

On m'a raconté comment Émich de Leiningen éventra des femmes enceintes. Des Juifs qui avaient accepté le baptême, comprenant qu'on les avait bernés, se suicidèrent, les pères tuant leurs épouses et leurs enfants.

Comment Dieu pouvait-il laisser faire ?

Un témoin me dit, parlant les yeux fixes : « Quand on apprit que les Croisés arrivaient, les Juifs ont commencé à se tuer, à se noyer dans les mares ou à se jeter dans le Rhin… Dans une autre ville, les Juifs firent pénitence, puis choisirent cinq hommes très pieux qui auraient la charge de tuer tous les autres, soit trois cents personnes. »

Il y eut aussi cet homme pieux dans une autre ville qui tua sa femme et ses trois fils et ne réussit pas à se suicider, perdant seulement connaissance. On lui proposa de se convertir et de sauver sa vie mais il refusa. On l'enterra vivant, et à plusieurs reprises on le retira de sa tombe, à chaque fois il refusa de renoncer à sa foi. On l'ensevelit et une ultime fois on l'entendit crier, recouvert de terre, une journée durant. Enfin il mourut.

Plus tard, entrée en Hongrie et continuant à tuer et à piller, la bande d'Émich de Leiningen fut exterminée par les troupes de Coloman. Combien de Juifs ces Croisés avaient-ils tués ? Plusieurs centaines, peut-être des milliers. Les chefs de cette bande, Émich, Guillaume Charpentier, Thomas de La Fère, réussirent à s'enfuir.

Émich de Leiningen renonça à se rendre en Terre sainte, mais les Français continuèrent leur route vers le Saint-Sépulcre.

J'ai su ensuite qu'un Juif avait écrit après avoir évoqué ces massacres :

« Pourquoi le ciel ne s'est-il pas obscurci ?

Pourquoi les étoiles n'ont-elles pas dissimulé leur splendeur ?

Pourquoi le soleil et la lune ne se sont-ils pas cachés quand tant d'hommes justes périrent ?

Tous ceux qui ont accepté la mort par amour et fidélité, que leurs mérites témoignent pour nous auprès de l'Être Sublime, qu'ils nous sauvent du bannissement et reconstruisent les murs de Jérusalem, qu'ils réunissent les fils de Judas et d'Israël dispersés dans le monde ! »

Ces mots de douleur, d'amour et d'espérance, moi, Guillaume de Thorenc, chevalier et soldat du Christ, je les ai faits miens.

Les Juifs sont comme moi fils de Dieu.

Et le Christ a été supplicié comme ils le sont aujourd'hui.

10.

Je croyais donc savoir de quelle incroyable cruauté l'homme est capable.

Et cependant, dans la foule de pèlerins, de chevaliers venus de France ou d'Italie, des bords du Rhin ou de la Méditerranée, j'étais ému, envahi par l'espérance.

C'était l'aube du 7 août de l'an 1096, l'or des coupoles de Constantinople étincelait. Autour de moi, sur le pont de ce navire byzantin qui nous transportait sur l'autre rive du Bosphore – par ordre de l'empereur soucieux de nous éloigner de sa capitale –, tous, les guenillés et les chevaliers, les vagabonds et les femmes, priaient et chantaient.

Le navire larguait ses amarres et la ferveur de ces pèlerins, si différents les uns des autres mais unis par la même foi, m'emportait.

J'oubliais ce que j'avais vu, ce que j'avais appris de l'homme, qu'il fût chrétien, musulman ou juif, hongrois ou petchenègue, français ou allemand.

Je me souvenais de l'Évangile que le père
Guibert de Cluny m'avait lu chaque jour, évo-
quant ce centurion romain qui, au pied de la
croix sur laquelle il vient de clouer le Christ,
se convertit, lui le païen, l'idolâtre, le bourreau,
l'égorgeur de tant de vaincus.

Mais l'Amour pouvait naître dans le cœur de
cet homme-là. Je me rassurais ainsi.

J'abordais les côtes de l'Asie, j'allais enfin
combattre les Infidèles, Turcs ou Sarrasins. Je
jurais de les affronter comme un chevalier du
Christ, un soldat de la Guerre sainte, en n'oubliant jamais que ces mécréants étaient hommes
comme moi.

Et créatures de Dieu.

J'avais hâte de chevaucher vers la Terre
sainte, mais j'ai dû retenir mon élan, brider
mon impatience comme on tire sur les rênes
de son cheval.

L'empereur Alexis exigeait que nous attendions sur les rives de la mer de Marmara et
dans sa forteresse de Civitot l'arrivée des armées
de la Croisade levées par les barons.

Elles commençaient à s'ébranler en France,
en Flandre, en Allemagne, en Lombardie, dans
le pays de Naples et de Bari.

Je lisais sur le visage des pèlerins et des
chevaliers qui entouraient Pierre l'Ermite la
déception et la colère.

La chaleur était accablante, l'eau rare. On se battait autour des sources, sur les quais du port de Civitot où les navires byzantins débarquaient chaque jour des vivres en abondance.

Des bandes se formaient. Les Italiens du Nord et du Sud et les Allemands ne s'entendaient pas avec les Français.

Pierre l'Ermite priait, mais rares étaient ceux, parmi les chevaliers, qui reconnaissaient son autorité.

Des chefs surgissaient, tel ce Renaud qui chaque jour quittait la forteresse de Civitot accompagné de sa bande et pénétrait dans le territoire occupé par les Sarrasins.

Les hommes de Gautier Sans-Avoir faisaient de même et, je l'avoue, je me suis mêlé à ces bandes belliqueuses qui s'approchaient de la ville de Nicée, jadis grecque, aujourd'hui turque.

Les Grecs, anciens sujets de l'empereur Alexis, vivaient en bonne intelligence avec les Infidèles, même s'ils rêvaient de retrouver un souverain qui partageât leur foi.

Je les vis accueillir avec joie les chevaliers chrétiens et les pèlerins.

J'ai pressenti ce qui allait advenir quand les bandes commencèrent à piller, à razzier le bétail, à tuer les paysans qui s'opposaient à ces vols, à ces saccages.

J'ai regagné Civitot, laissant ces pèlerins pillards, ces chevaliers brigands voler, violer, torturer.

Je les ai vus, poussant devant eux des dizaines de bœufs et de brebis, et vendant ces bêtes aux matelots byzantins.

Puis, faisant le récit de leurs exploits, racontant comment ils avaient battu les Turcs de Nicée, les contraignant à fuir et à se réfugier dans leur ville.

Ils riaient, se vantant d'avoir fait rôtir à la broche des quartiers d'enfants qu'ils avaient assassinés.

Dieu pouvait-il accepter que ceux qui proclamaient leur foi en Lui commettent de tels crimes ?

Et pourtant, je les ai suivis tant était grand mon désir de combattre l'Infidèle, et d'échapper à ces marécages que devenaient Civitot et les campements de pèlerins aux alentours de la forteresse.

J'ai chevauché parmi les chevaliers qui avec quelques milliers de pèlerins composaient la bande de Renaud. Nous nous sommes enfoncés dans les territoires que les Turcs avaient arrachés à la souveraineté byzantine.

L'ivresse de la victoire me gagnait.

Des paysans grecs nous apportaient fruits et eau fraîche. Ils nous guidaient jusqu'au château de Xérigordon, que les Turcs venaient d'abandonner.

J'y suis entré l'un des premiers.

Toutes les portes étaient ouvertes, et nos pèlerins se partageaient les armes, les vivres, les vêtements laissés par les Turcs. Puis nous avons célébré notre conquête et j'ai crié : « Dieu l'a voulu. »

J'en étais sûr. Bientôt nous nous emparerions de la ville de Nicée, dont nous avions longé les murs, lançant des défis aux Turcs mais sans oser les attaquer. J'ai suivi Renaud et sa bande de chevaliers et de pèlerins qui se dirigeaient vers Nicée.

Renaud voulait tendre une embuscade aux Turcs, dont les paysans nous assuraient que, commandés par un officier du sultan Elchanès, ils se dirigeaient vers Xérigordon, mais dont le but était de s'emparer de Civitot.

Que pouvions-nous craindre ?
N'étions-nous pas les soldats du Christ ?
Je ne savais pas encore que la guerre est une surprise et que la volonté de Dieu frappe comme la foudre.

Les Turcs, tout à coup, nous ont criblés de flèches, puis ont fondu sur nous, cimeterre levé.
Seuls quelques-uns d'entre nous réussirent à regagner le château de Xérigordon, que les Turcs ont assiégé.
Nous avons gravi le calvaire de la soif, quand on boit son urine, que les lèvres sont crevassées et collées l'une à l'autre, quand on saigne les bêtes pour en sucer le sang, quand on lèche

le fond des citernes dans l'espoir d'y trouver quelques gouttes, quand la folie obscurcit la raison et qu'on recherche la mort.

Le septième jour, à la nuit tombée, je me suis enfui.

J'avais surpris les conciliabules de Renaud et des quelques chevaliers qui lui étaient proches. Ils se rendraient aux Turcs, avec qui ils négociaient dès le lendemain. Les chrétiens qui refuseraient de se convertir à l'islam seraient mis à mort.

Je savais comment les Turcs tuaient, égorgeaient, sciant les corps en deux, tranchant les membres, crevant les yeux.

Ceux qu'on ne tuerait pas seraient vendus comme esclaves à Antioche ou à Alep.

Ma marche vers Civitot a duré douze jours.

J'ai côtoyé la mort. Je me suis couché sur le sol aride, priant pour que Dieu s'empare de mon âme et laisse mon corps devenir pierre sèche.

Dieu ne l'a pas voulu.

Des Grecs m'ont recueilli et j'ai réussi à gagner Civitot.

Traversant les campements des pèlerins, je ne rencontrais que des femmes et des enfants. Les hommes avaient suivi Gautier Sans-Avoir, Foucher d'Orléans, Geoffroy Burel, et près de cinq cents chevaliers résolus à conquérir Nicée.

Pierre l'Ermite avait gagné Constantinople pour y rencontrer l'empereur afin de le convaincre d'engager ses troupes aux côtés des Croisés.

Lorsque je racontais la défaite que nous avions subie à Xérigordon, personne ne m'écoutait. On me soupçonna même d'être au service des Turcs et l'on me traita comme un prisonnier.

Dieu aveugle ceux qu'Il veut perdre.

Les Turcs massacrèrent les Croisés et les pèlerins qui suivaient Gautier Sans-Avoir et ses chevaliers. Leur nuée noire recouvrit les campements qui entouraient la forteresse de Civitot et ils tuèrent ceux qui ne réussirent pas à s'y réfugier.

Les Turcs nous assiégèrent et je ne m'interrogeai plus sur le mystère de la volonté de Dieu.

Je me battais, repoussant les Infidèles, glaive au poing, me glissant avec quelques autres chevaliers hors du château pour gagner la côte et, avec l'aide de pêcheurs grecs, embarquer pour Constantinople.

J'ai vu l'empereur Alexis Ier, j'ai conté notre désastre. J'ai dit qu'il était le souverain des chrétiens d'Orient et qu'il devait aider ceux d'Occident sinon Dieu et les hommes l'accuseraient d'avoir laissé massacrer les Croisés.

Il me laissa parler sans m'interrompre ni me répondre, mais il donna l'ordre à sa flotte de gagner Civitot, d'en chasser les Turcs et d'embarquer les chrétiens afin de les conduire à Constantinople.

Nous y serions désarmés et attendrions dans les faubourgs l'arrivée de la Croisade des seigneurs.

J'étais à la proue de l'un des navires byzantins. Je vis les Turcs lever le siège du château de Civitot et les chrétiens sortir de la citadelle, et se rassembler sur le rivage.

Des forêts voisines surgirent les pèlerins qui avaient réussi à échapper au massacre. La plupart des chevaliers qui avaient survécu étaient blessés.

Je reconnus certains d'entre eux.

Mais Gautier Sans-Avoir et ses proches avaient été tués. Et des milliers de pèlerins, ces vagabonds, ces paysans, ces miséreux, ces estropiés, il ne restait de ceux qui avaient suivi Pierre l'Ermite qu'une poignée.

Dieu n'avait oublié ni les pillages ni les vols ni les crimes.

Il s'était souvenu des Juifs persécutés, assassinés. Et des enfants dépecés, puis rôtis à la broche.

Alors que j'attendais sous les murs de Constantinople les armées de la Croisade, levées par les barons et les comtes, j'ai su que, quoique en eussent dit le souverain pontife, ses évêques ou Guibert de Cluny, il ne suffisait pas de proclamer sa foi et de vouloir délivrer le Saint-Sépulcre pour que Dieu pardonne les péchés et les crimes des hommes.

C'est en chacun de nous qu'Il voulait que nous livrions la Guerre sainte afin qu'en notre âme, le Bien soit victorieux du Mal.

11.

Le Bien ? Le Mal ?
En cette fin de l'an 1096, je ne réussissais pas à séparer l'un de l'autre.

J'écoutais les récits des trois chevaliers avec qui je logeais dans une maison délabrée des faubourgs de Constantinople.

Ils avaient tué et pillé. Ils rêvaient de forcer, quand l'armée des barons, des comtes et des ducs arriverait, les portes de cette ville chrétienne aux dômes dorés et aux palais de marbre qui nous laissait croupir comme des vagabonds.

Du haut de leurs remparts, les mercenaires de l'empereur Alexis Ier nous défiaient, nous lançaient des injures et des immondices.

Quand les Croisés de Raymond IV, comte de Toulouse, ceux de Godefroi de Bouillon, duc de Basse-Lorraine, et de son frère Baudoin, ceux – Normands d'Italie et chevaliers italiens – de Bohémond de Tarente et de son neveu Tancrède, les Français du domaine royal dirigé par Hugues, comte de Vermandois et frère du roi de France, suivi par Étienne, comte de Blois, et Robert II, comte de Flandre, seraient à Constantinople, alors, assuraient mes compagnons de misère, nous entrerions dans la ville.

Là, depuis des siècles, les empereurs entassaient des trésors et des reliques. Alexis Ier nous apporterait son aide et se joindrait à nous dans la Guerre sainte, jusqu'à la libération du Saint-Sépulcre, ou s'il s'y refusait l'un de nos seigneurs s'installerait sur le trône impérial.

Était-ce le Bien, était-ce le Mal ?
J'hésitais.
J'avais la bouche pleine d'amertume, la gorge serrée par le doute, le désespoir et la colère.

Je songeais à ces milliers de Croisés dont la seule richesse et la seule arme étaient la foi, et dont les cadavres – et ceux des femmes et des enfants, des vieillards qui les avaient suivis – avaient été laissés sans sépulture tout au long de notre route, du Rhin au Danube, et jusqu'à Civitot.

Ils avaient pillé, saccagé, volé et certains d'entre eux avaient massacré les Juifs des villes rhénanes.

Leur mort sans sacrement était-elle la juste punition que Dieu leur avait infligée ?

Mais pourquoi certains de ces Croisés, ainsi que ces chevaliers dont je partageais la demeure, avaient-ils échappé au châtiment, alors qu'ils avaient été les instigateurs de tant de violences ? Dieu leur réservait-Il un châtiment plus impitoyable que la mort ?

Ces chevaliers piaffaient, attendant avec impatience l'arrivée de Godefroi de Bouillon et de son frère Baudoin. Ils admiraient Godefroi, ce duc de Basse-Lorraine.

Et quand enfin, le 23 décembre de l'an 1096, le duc parvint à Constantinople, je fus séduit par sa prestance et ses manières.

Il était large de poitrine, blond, le visage affable, les yeux bleus, bienveillant, la parole douce.

Il avait, assurait-on, accepté de livrer au roi de Hongrie, Coloman, des otages – dont son propre frère Baudoin – garants de ce qu'aucun pillage, aucune violence ne seraient commis en Hongrie par les Croisés.

Il fit annoncer par des hérauts que tout acte de violence commis en Hongrie serait puni de mort. De son côté, Coloman donna des ordres pour assurer le ravitaillement et la vente à juste prix des aliments.

La traversée de son pays s'étant déroulée sans violences, il rendit les otages à Godefroi de Bouillon.

J'ai espéré que le duc de Basse-Lorraine fût l'incarnation du Bien. Et dès son arrivée à Constantinople, je lui fis serment d'allégeance.

Puis j'appris, par les chevaliers qui entouraient Hugues le Maisné, comte de Vermandois, frère du roi de France, que Godefroi de Bouillon avait lui aussi déchaîné les forces du Mal.

Dans le pays rhénan, il avait proclamé qu'il allait venger dans le sang des Juifs la mort du Christ, et l'inquiétude et la peur furent telles que le chef de la communauté juive de Mayence demanda à l'empereur du Saint Empire romain germanique, Henri IV, d'obtenir que ses vassaux, dont Godefroi de Bouillon, assurent sur leur fief la protection des Juifs.

Le duc déclara qu'il n'avait jamais songé à persécuter les Juifs et pour le remercier de ses bonnes paroles les communautés juives de Mayence et de Cologne lui offrirent chacune cinq cents pièces d'argent.

N'avait-il pas menacé les Juifs que pour obtenir ces sommes dont il avait besoin au moment de partir en croisade ?

Pierre l'Ermite n'avait-il pas fait de même avec les communautés juives des villes rhénanes ?

Était-ce là le Mal mis au service du Bien ? Le chantage et la menace versant leur obole afin que puisse s'accomplir la Guerre sainte ?

Les chevaliers ajoutaient que Godefroi de Bouillon, une fois les « cadeaux reçus », assura de sa protection les Juifs de ses États.

Mais il est des paroles qui incitent au crime et, après Godefroi de Bouillon, comme après

Pierre l'Ermite, vinrent les tueurs du comte Émich de Leiningen, de Folkmar, de Gottschalk. Ceux-là, Dieu les avait châtiés.

Mais quel sort réservait-Il à Godefroi de Bouillon ?

J'avais appris de la bouche même de ses chevaliers que l'armée du duc de Basse-Lorraine avait fait halte, sur les bords de la mer de Marmara, en un lieu nommé Silivri, non loin de Constantinople.

C'était le 12 décembre de l'an 1096 et, pendant une dizaine de jours, cette armée qui n'était pas composée de démunis et de vagabonds se livra au pillage.

Les chevaliers s'esclaffaient. « Ceux de Silivri se souviendront de nous », répétaient-ils.

Était-ce pour Godefroi de Bouillon moyen de montrer sa force à l'empereur Alexis Comnène ? Et de rappeler son rang ? Le duc de Basse-Lorraine devait être respecté et aidé.

Il avait été entendu. L'empereur byzantin avait envoyé à Godefroi de Bouillon deux Français passés à son service pour demander au duc de faire cesser le pillage.

Godefroi s'exécuta et, le 23 décembre 1096, je vis le duc de Basse-Lorraine caracoler à la tête de son armée devant les murs de Constantinople.

Puis il installa son camp.

12.

Le 24 décembre 1096, j'ai prêté serment d'allégeance au duc de Basse-Lorraine, Godefroi de Bouillon.

Je me suis agenouillé dans la boue de ce camp où Godefroi de Bouillon avait choisi d'établir le camp de ses Croisés.

J'avais appris de ses chevaliers qu'il avait refusé d'obéir à l'empereur Alexis Ier. Le Basileus souhaitait que les Croisés installent leur cantonnement dans l'un des faubourgs de Constantinople, le long de la Corne d'Or, cette rade étroite que dominaient les hauts murs de la capitale byzantine.

J'avais vu le duc de Basse-Lorraine chevaucher lentement, sous le regard des mercenaires de l'empereur qui se tenaient sur les chemins de ronde.

Le duc s'était arrêté plusieurs fois, tête levée vers ces sentinelles menaçantes. Elles surveillaient les deux ponts qui franchissaient la Corne d'Or et, composées d'archers, elles pouvaient en interdire l'accès.

Dans ces faubourgs, on était au sec dans des maisons mais à la merci des troupes de l'empereur.

J'avais aimé que Godefroi choisisse la boue d'un plein champ, où son armée pourrait manœuvrer loin des mercenaires impériaux. J'avais exulté et prêté serment à ce duc de belle et noble prestance dont j'ignorais qu'il avait lui aussi dans sa marche depuis le Rhin déchaîné le Mal.

Et je n'étais qu'un chevalier qui n'avait pas vingt ans. J'avais besoin de croire et d'espérer que ce duc aux yeux bleus, à la voix douce, aux gestes mesurés, serait le chef de tous les Croisés. Avec lui et avec l'aide de Dieu nous délivrerions la Terre sainte.

Je ne pouvais imaginer que, avant d'affronter les Infidèles, c'est contre les chrétiens de Byzance que nous livrerions bataille.

Il en fut pourtant ainsi durant tout l'hiver de l'an 1097.

Il pleuvait. Nous nous enfoncions dans la boue. L'averse traversait nos abris de toile et nos vêtements élimés.

Les vieux et les démunis, les derniers survivants de l'armée de Pierre l'Ermite, nous avaient rejoints et mouraient de froid et de faim.

L'empereur avait invité Godefroi de Bouillon à lui rendre visite et face à son refus il nous coupait les vivres.

Que faire, sinon marauder, piller, ravager les environs de notre campement ?

On nous envoya des ambassadeurs et des Croisés qui avaient prêté serment à l'empereur Alexis, ce Basileus qui nous craignait et voulait faire de nous ses mercenaires.

Je fus approché par des chevaliers de l'entourage de l'un des chefs des Croisés, qui venait d'arriver à Constantinople et avait prêté serment à l'empereur.

Il s'agissait de Hugues le Maisné, comte de Vermandois, frère de Philippe Ier, roi de France.

On me mena devant lui. Il était de haute taille, le visage massif, le regard méprisant. Il me dit, comme on lance une obole à un gueux, que l'empereur, Sa Majesté le Basileus, était généreux avec ceux qui lui faisaient allégeance.

J'avais la tête dure. Je dis que j'étais vassal de Godefroi de Bouillon.

« Il y viendra aussi, ton duc », me lança Hugues le Maisné.

Et ses chevaliers m'entraînèrent loin de lui, comme s'ils avaient voulu me protéger de la colère de leur seigneur.

Mais je me dégageai, pris mon glaive à deux mains et m'éloignai.

Je fis le récit de cet affrontement à Godefroi de Bouillon qui me donna l'accolade et me dit que j'aurais bientôt l'occasion de montrer ma bravoure.

Ce fut quelques jours plus tard, quand Alexis chercha une nouvelle fois à nous affamer.

Nous ne reçûmes plus ni orge, ni poisson, ni pain, et nous recommençâmes à piller la campagne, à chercher des aliments, du fourrage et de la paille pour nos chevaux.

Et il fallut se battre contre les Petchenègues et les Turcopoles au service de l'empereur.

Nous fîmes soixante prisonniers, et Godefroi de Bouillon donna l'ordre d'en mettre plusieurs à mort.

Était-ce cela la Guerre sainte ?

Nous mîmes le feu aux maisons des faubourgs et l'incendie s'étendit, cependant que nos chevaliers et nos piétons tentaient d'enfoncer l'une des portes de Constantinople.

Les Byzantins nous repoussèrent et, à nouveau privés de vivres, nous recommençâmes à piller les environs de la capitale.

Un matin, je vis s'avancer vers nous Hugues, comte de Vermandois. Les chevaliers qui l'accompagnaient me confièrent que les troupes d'Alexis allaient, si nous refusions de prêter serment à l'empereur, nous attaquer.

L'estafilade qui creuse ma joue gauche, je la dois à l'un des mercenaires d'Alexis.

Mais Dieu voulut qu'elle ne laboure que ma joue, ne crevant pas mon œil, et ne mutilant pas mes lèvres. Et cependant que le combat continuait, je sentais mon sang tiède couler dans mon cou.

Puis je m'enfonçai dans la nuit et la douleur.

Au réveil, j'appris que le duc de Basse-Lorraine s'était rendu, accompagné des principaux chefs de son armée, au palais impérial.

Il s'était agenouillé devant Alexis Ier assis sur son trône. Il lui avait prêté serment de fidélité et ses chefs avec lui. J'avais interrogé les chevaliers qui avaient assisté à cette cérémonie.

Godefroi de Bouillon s'était engagé à être le vassal de l'empereur et avait promis de lui rendre tous les territoires et toutes les villes ayant appartenu à l'Empire dont il s'emparerait.

Alexis s'était incliné, avait embrassé le duc de Basse-Lorraine et déclaré qu'il l'adoptait comme fils.

Puis l'empereur promit or et argent, chevaux et mulets, armes et étoffes aux hommes de Godefroi de Bouillon.

Et quand l'armée des Croisés serait passée sur l'autre rive du Bosphore, lui, empereur chrétien de Byzance, Basileus, assurerait le ravitaillement des soldats du Christ.

Alexis Ier honora ses promesses.

Quatre hommes apportèrent chaque semaine des besants[1] d'or pour les chefs et dix muids[2] de petite monnaie à distribuer aux pauvres. Ces derniers eurent ainsi les fonds nécessaires pour se ravitailler.

Je n'avais pas prêté serment à l'empereur. J'étais chevalier. Ainsi je n'eus ni besants d'or ni muids de petite monnaie.

Je m'en félicitai. Ma guerre était sainte.

Je fus heureux le 10 avril de l'an 1097 quand le navire byzantin appareilla, puis mit le cap vers la côte de l'Asie.

---

1. Besant : monnaie byzantine d'or et d'argent.
2. Muid : ancienne mesure de capacité.

13.

Quand, dans la matinée du 11 avril 1097, j'ai pris pied sur cette terre aride d'Asie, j'ai frissonné.

Je reconnaissais les chemins que j'avais suivis aux côtés de Gautier Sans-Avoir et de Pierre l'Ermite. Le premier était mort, le second avait abandonné les pèlerins qui avaient cru en sa parole et l'on ne savait s'il vivait à Constantinople ou s'il avait regagné la France. Il avait échappé au massacre de Civitot où avaient péri les pèlerins.

Je me suis arrêté souvent, laissant les chevaliers de Godefroi de Bouillon s'éloigner, puis j'ai quitté le chemin qui longeait la mer de Marmara.

J'avais aperçu de part et d'autre du chemin, à quelques pas, des amoncellements étranges, des sortes de tumulus.

Il ne s'agissait pas de pierres entassées mais des ossements de milliers de pèlerins morts de faim, d'épuisement, ou le corps percé par les flèches des Turcs seldjoukides, ou la gorge tranchée d'un coup de cimeterre.

Et d'autres avaient dû mourir de désespoir, battus par les Turcs qui les avaient épargnés pour les réduire en esclavage.

Et moi, j'étais vivant, et j'en avais du remords et de la honte.

Le cœur glacé, j'ai rejoint les chevaliers de Godefroi de Bouillon à Pélékan, sur la route qui conduit à Nicée, et où le duc de Basse-Lorraine avait choisi d'attendre l'arrivée des autres armées de Croisés.

Ils arrivaient jour après jour, arborant la croix sur l'épaule droite ou entre les épaules. Leur nombre, leur détermination m'apaisaient.

Agenouillés, ils proclamaient leur foi, servant et chantant chaque jour la messe, puis les falaises renvoyaient leurs voix qui scandaient : « Dieu le veut. »

J'arpentais les allées du camp, le plus souvent seul même si j'étais un féal de Godefroi de Bouillon dont j'aimais les manières simples. J'étais sensible à l'attention qu'il semblait me porter quand il me croisait, me nommant « le vif et pensif Guillaume de Thorenc ».

Le frère de Godefroi de Bouillon, Baudoin, ricanait. Il était brun de peau et de poil, le nez busqué, et je devinais qu'il était capable de toutes les violences et de toutes les cruautés.

Il m'avait suffi d'un regard pour savoir qu'il était dévoré d'ambition, jaloux de son frère, mais trop rusé pour défier celui qui était plus puissant que lui.

Je remerciais Dieu de ne pas être rongé par cette lèpre et cette peste que sont l'envie et l'ambition.

Je découvrais que tous nos seigneurs étaient dévorés par ces maux, peut-être le châtiment que Dieu leur réservait pour les punir de maculer la Guerre sainte de leurs médiocres passions.

Je ne connaissais que la Passion du Christ, le reste n'était que poussière que nul ne pouvait maîtriser.

Je lisais sur les visages de nos seigneurs leur déception. Elle faisait grimacer Hugues le Maisné, comte de Vermandois et frère du roi de France, Étienne, comte de Blois, et Robert II, comte de Flandre.

Ceux-là quêtaient les faveurs et l'or de l'empereur Alexis et se partageaient en rêve des fiefs en Terre sainte, comme si leur victoire sur les Infidèles était déjà du passé !

Il en était de même pour Bohémond de Tarente et son neveu Tancrède.

Mais Alexis Ier se méfiait d'eux, des cinq cents seigneurs qui embarquaient à Brindisi, à Bari, à Otrante, et ayant pris pied à Durazzo, de là gagnaient la Macédoine et la Thrace puis le camp de Pélékan.

Tout au long de leur route, ils avaient pillé, tué, brûlant sur leur passage un château avec tous ses habitants, les accusant d'hérésies.

Ils avaient même livré bataille contre les mercenaires impériaux. Ils prétendaient l'avoir emporté mais Bohémond s'était rendu à Constantinople, conscient qu'il ne pouvait rivaliser avec l'empereur chrétien.

Alexis le reçut avec faste. Bohémond resta sur ses gardes, craignant d'être empoisonné, et il ne fut rassuré qu'après avoir prêté serment de fidélité à l'empereur.

Alexis Ier le couvrit de présents, lui promit de lui donner un fief dans la région d'Antioche.

Et Bohémond, rusé, avide, en qui coulait le sang des Normands et des Siciliens, devint l'un des ambassadeurs d'Alexis auprès des Croisés.

Je l'ai souvent observé, fasciné par ce guerrier à la haute taille, à la peau blanche, aux yeux d'un bleu-vert. Sa fourberie brillait dans son regard. Il flattait Hugues le Maisné qui, parce qu'il était frère du roi de France, s'était fait attribuer le titre de « porte-drapeau de l'Église ».

J'ai su que Bohémond de Tarente ne croyait ni à Dieu ni au Diable, et qu'il s'était croisé non pour chasser du Saint-Sépulcre les Infidèles mais pour devenir plus puissant qu'il n'était en Sicile.

Il ne s'agenouillait pas pendant la messe, immobile et massif comme un grand bloc de marbre, bras tendus, tenant à deux mains la croix de son glaive.

Il y avait encore plus grand et plus ambitieux que tous ces seigneurs, et moi, qui n'étais qu'un chevalier sans fortune n'ayant que sa foi et son glaive pour patrimoine, je découvris avec Raymond de Saint-Gilles, comte de Toulouse, un homme qui prétendait être roi de la France du Midi.

Il avait pris la route en compagnie du légat du pape, Adhémar de Monteil, évêque du Puy. On disait qu'Anne Comnène, la fille d'Alexis Ier, s'était exclamée en le voyant que « le comte de Toulouse brillait parmi les Latins comme le soleil au milieu des étoiles ».

Il était l'incarnation de l'orgueil, répétant à chacun qu'il avait, lui, Raymond de Saint-Gilles, comte de Toulouse, fait vœu de ne jamais revenir dans ses États. Il emmenait avec lui sa femme Elvire et son fils.

Il ne put tolérer que les mercenaires de l'empereur byzantin surveillent sa marche, encadrent son armée, blessent le légat Adhémar de Monteil.

Les guet-apens, les embuscades, les combats se succédaient.

« Toulouse ! Toulouse ! », criaient les chevaliers en attaquant les villes, en arborant les étendards de Toulouse sur les murs de celles qu'ils avaient conquises.

Les chevaliers du comte de Toulouse ne me racontèrent pas leur défaite devant les troupes byzantines, peut-être ne voulaient-ils pas avouer qu'ils s'étaient enfuis, eux les Provençaux, les Latins, devant les Petchenègues, les Bulgares, les Turcopoles, les Hongrois.

Mais ils étaient fiers du refus de Raymond de Saint-Gilles, comte de Toulouse, de répéter le serment de fidélité à Alexis Ier, dût-il lui en coûter la vie.

Il arriva avec ses seigneurs, dans notre campement, sur la terre d'Asie, et je mêlai ma voix à toutes celles qui l'acclamaient.

J'étais à nouveau emporté par l'espérance qu'enfin les armées des Croisés réunies, la Guerre sainte pourrait commencer.

Le campement grandissait chaque jour.

J'y croisais des pèlerins venus de tous les pays, parlant des langues diverses, mais célébrant d'un cœur uni la messe et jurant de délivrer la Terre sainte.

J'oubliais les violences, les pillages, les massacres.

J'oubliais que de nombreux pèlerins avaient déjà pris le chemin du retour, épuisés, effrayés d'avoir à affronter les forêts obscures ou les tempêtes qui avaient noyé des centaines de pèlerins embarqués dans les ports de Brindisi, de Bari, d'Otrante.

Mais ceux qui persévéraient me paraissaient innombrables et résolus à mourir en soldats du Christ. Beaucoup d'entre eux s'étaient tatoué sur le front ou sur l'épaule la croix qui rassemblerait un jour tous les hommes.

14.

Cette croix du Christ, je l'ai vue se dresser tout au long du chemin que Godefroi de Bouillon, duc de Basse-Lorraine, avait décidé d'ouvrir dans la montagne afin de permettre à l'armée des Croisés de rejoindre la ville de Nicée.

Cette cité byzantine avait été conquise par les Turcs seldjoukides seize ans plus tôt et le sultan Kilij Arslan, fils de Soliman, l'avait fortifiée.

On disait que de hautes murailles dominées par trois cents tours en faisaient une citadelle imprenable. Elle était bordée à l'Occident par le lac Ascanien et défendue par des milliers d'archers redoutables qui rendaient l'approche des murs et des portes difficile.

Mais nous étions des centaines de chevaliers, des piétons résolus et toute une foule de Croisés qui avaient hâte de combattre, les uns parce que la foi les dévorait, les autres parce qu'ils voulaient se tailler des fiefs en Terre sainte.

Je fis partie de l'avant-garde de trois cents chevaliers qui accompagnait plusieurs milliers de pèlerins munis de pics et de bêches. Ils traçaient sous le soleil implacable un sillon à flanc de versant, jusqu'aux cimes qui dominaient les rives de la mer de Marmara.

Nous avions quitté le camp de Pélékan, puis la cité de Nicomédie où nous avions séjourné trois jours, et nous gravissions la montagne.

Nous échapperions ainsi aux Turcs qui avaient massacré les pèlerins de Pierre l'Ermite.

Mais, même sur ces sommets dénudés, dans ces défilés obscurs, nous découvrions les ossements dispersés, les crânes aux orbites géantes, les squelettes des Croisés de Pierre l'Ermite.

Nous entassions ces pierres humaines et nous dressions des croix, puis nous priions, agenouillés, la poussière et la lumière brûlant nos yeux qui se remplissaient de larmes.

Puis nous reprenions notre marche, laissant derrière nous ces croix du Christ qu'allaient suivre les armées de la Croisade.

Sous les murailles de Nicée, que nous avions atteintes le 6 mai 1097, je vis tous ces seigneurs qui avaient établi, hors de portée des archers turcs, leur campement.

Je vis l'évêque du Puy, Adhémar de Monteil, Robert de Flandre, Raymond de Saint-Gilles, comte de Toulouse, Bohémond de Tarente et Tancrède, Étienne de Blois, et Hugues le Maisné, comte de Vermandois. Et tant d'autres.

Lorsque, après avoir ainsi chevauché le long des murailles de Nicée, je rejoignis le campement de Godefroi de Bouillon, je m'interrogeai. Ces seigneurs qui commandaient les armées de la Croisade avaient le regard avide des loups. Ils songeaient au butin qu'ils se partageraient après la chute de Nicée.

Ils s'épiaient. Ils avaient appris avec inquiétude que l'empereur byzantin avait quitté Constantinople et traversé le Bosphore, s'installant à Pélékan, envoyant à Nicée des espions qui négociaient avec les Turcs.

Et nos seigneurs craignaient qu'Alexis Ier obtienne la reddition des Turcs et reprenne sa ville afin qu'elle ne soit pas livrée au pillage. Les seigneurs latins s'indignaient.

Ils avaient prêté serment de fidélité à Alexis Ier, mais ils ne voulaient pas devenir des mercenaires, que l'empereur récompenserait par des présents.

Ils étaient des Croisés, des seigneurs latins, ils voulaient vaincre et s'emparer de Nicée à leur profit.

Leurs rivalités et leurs ambitions, leurs soupçons et leurs calculs me donnaient la nausée. J'ai participé avec frénésie à tous les combats pour oublier ce dégoût qui emplissait mon cœur d'amertume.

J'étais, moi Guillaume de Thorenc, chevalier, Croisé et seulement soldat du Christ.

J'ai défié les archers turcs et je n'ai pas tremblé quand leurs flèches frôlaient mon armure et parfois s'enfonçaient dans le fer et le cuir, leurs pointes acérées déchirant ma peau.

J'ai vu tomber autour de moi des chevaliers, la gorge transpercée, et j'ai dû reculer cependant que les Turcs, depuis le haut des murs, lançaient des crocs de fer, agrippaient ainsi le chevalier mort ou blessé, le hissaient, l'égorgeaient, le dépouillaient, et rejetaient son cadavre hors de la muraille.

Maintes fois je me suis élancé pour saisir ce corps nu et mutilé.

Nous lui donnions une sépulture chrétienne et nous priions avant de repartir au combat.

J'ai tranché des gorges, attaché les têtes aux courroies de ma selle. Et chaque chevalier a fait de même.

Nous avons rempli des sacs avec ces visages déjà figés. Ils ont été transportés sur des chariots jusqu'au port de Civitot, et là, embarqués pour Constantinople.

Ainsi Alexis Ier se souviendrait de quoi nous étions capables.

Je sais aujourd'hui qu'au même moment, l'empereur Alexis avait envoyé l'un de ses proches – Boutoumitès – négocier avec les Turcs la reddition de Nicée.

« Les Infidèles préféraient, écrit Anne Comnène, se rendre au Basileus plutôt que de tomber aux mains des Celtes. »

Les Turcs avaient appris à nous connaître.
À l'aide d'une fronde, nous avions lancé par-dessus les murs de Nicée les têtes des tués, afin de jeter l'effroi parmi les Turcs.
Qui veut gagner une guerre, fût-elle sainte, doit être impitoyable. Il faut que la peur s'empare de l'ennemi.

J'étais là où l'on se battait, où l'on tuait et mourait.
Je faisais partie de la dizaine de chevaliers qui avançaient vers les murs de Nicée, entassés dans une des tours de bois qui nous protégeaient des flèches turques.
Nos archers visaient le haut des murs cependant que des piétons poussaient nos machines de guerre, nos tours, vers les murailles de la ville.
Nous avons essayé de saper la base du mur d'enceinte, mais les Turcs ont jeté de l'huile bouillante sur nos machines. Le feu a détruit nos tours et j'ai été le seul survivant de ces attaques.

Le siège a duré sept semaines et trois jours, et j'ai survécu, les cheveux et les poils brûlés dans l'incendie de notre tour.
J'ai, le vendredi 19 juin, au moment de l'assaut, été aux côtés des chevaliers et des archers de Raymond de Saint-Gilles, et j'ai crié : « Dieu le veut ! Toulouse ! Toulouse ! Saint-Sépulcre ! »

Et tout à coup, nous avons vu se déployer au sommet des murs de Nicée les étendards de l'empereur byzantin. Boutoumitès était entré dans la nuit à Nicée et avait conclu un pacte de reddition avec les Turcs.

La ville redevenait « impériale », ses habitants pouvaient la quitter avec tous leurs biens.

Nous, les Croisés, les Latins, ceux qu'on nommait aussi les Celtes, nous qui avions mené bataille, nous fûmes seulement autorisés par groupes d'une dizaine de chevaliers à nous rendre dans les églises de la ville, pour y prier.

Nous ne vîmes pas de Turcs. Ils avaient fui la ville dans la nuit, par la porte d'Occident qui ouvrait sur le lac Ascanien, guidés et protégés par les troupes de l'empereur Alexis.

Nos seigneurs et leurs chevaliers furent conviés par l'empereur à se rendre à Pélékan où il résidait encore.

Là avaient été transportées les richesses de Nicée.

Je n'ai pas été invité au partage de ce butin. Je suis resté au camp avec quelques chevaliers de Raymond de Saint-Gilles et d'Étienne de Blois. Le comte de Toulouse et ses chevaliers avaient refusé l'invitation de l'empereur.

Ceux-là n'étaient pas des mercenaires.

L'empereur Alexis se montra généreux envers ceux qui lui avaient renouvelé leur serment de fidélité et d'allégeance.

Les chevaliers reçurent bijoux, manteaux brodés et chevaux. Les gens de pied se partagèrent

les vivres. Et l'empereur, puisant dans son tré-
sor, offrit aux seigneurs des coffrets remplis de
pièces d'or et d'argent.

C'était la fin du mois de juin de l'an 1097.
Des fleurs blanches et rouges poussaient entre
les pierres des murs de Nicée.

Je me suis agenouillé et j'ai remercié Dieu de
m'avoir laissé voir la vie renaître là où j'avais
tué et où tant de Croisés étaient morts.

Cette vie, je la vouais au service du Christ.

15.

J'ai quitté Nicée à l'aube du 26 juin de l'an 1097.

J'étais parmi les chevaliers qui chevauchaient à l'avant-garde de l'*Ost Nostre Seigneur*, l'armée des Croisés.

Elle s'étirait le long de la voie romaine qui, dans ce pays de pierres et de soif, dans la chaleur aveuglante, menait à Tarse et à Antioche, et à la Ville sainte, Jérusalem.

Devant nous se dressaient les monts de Taurus qu'il nous faudrait franchir et dont l'ascension nous rapprocherait de la lueur brûlante du soleil.

Je me suis retourné plusieurs fois.

Je voulais voir cette foule de gens de pied, de chevaliers.

Je distinguais des troupeaux de moutons, des bœufs ou des chevaux attelés à des chariots. Des femmes et des enfants somnolaient au milieu des sacs, des coffres, des amoncellements de vivres et de jarres. Nous allions connaître la soif et la faim, je le pressentais.

J'ai aperçu au sommet des murs de Nicée des Croisés qui avaient renoncé à affronter les déserts rocailleux d'où surgiraient les Turcs, guerriers cruels et impitoyables.

Ces Croisés étaient entrés au service d'Alexis Ier et ils formaient la garnison de Nicée, placée sous les ordres de Boutoumitès.

Ils avaient oublié le serment qu'ils avaient fait en choisissant d'arborer la croix du Christ entre leurs épaules.

Dieu les jugerait.

Moi, Guillaume de Thorenc, j'étais résolu à rester fidèle à mon engagement, mais j'avais appris tout au long de ces mois, et plus encore durant le siège de Nicée, que nos seigneurs et nombre de chevaliers pensaient plus au butin dont ils s'empareraient et aux fiefs dont ils deviendraient les possesseurs qu'à la Guerre sainte.

Quant à l'empereur chrétien, il s'était servi de nous pour redevenir maître de Nicée et il rêvait de reconquérir les villes d'Asie dont les Turcs seldjoukides s'étaient emparés.

Un corps de troupes impériales, commandé par le général byzantin Tatikios, marchait à nos côtés. Pour chasser les Infidèles de Terre sainte, ou étendre le pouvoir de Constantinople de Nicée à Jérusalem ?

Je savais tout cela, mais me retournant, voyant cette multitude, j'étais fier d'être uni à elle par la même foi.

Et si Dieu le voulait nous prierions à Jérusalem.

Mais plus nous nous enfoncions dans cette immensité aride et plus notre Ville sainte paraissait s'éloigner.

Godefroi de Bouillon, au moment de notre départ de Nicée, avait caracolé devant nous, et ses proches nous avaient assuré que nous arriverions à Jérusalem dans cinq semaines. Nous nous sommes élancés.

J'étais persuadé que Dieu nous prendrait en sauvegarde afin que nous parvenions à Son Saint-Sépulcre au plus tôt.

Puis nous avons franchi le pont étroit et branlant qui enjambait non loin de Nicée le fleuve Gallus, lui-même affluent du Sangarius. Les vallées étaient vastes, mais n'y coulait qu'un mince filet d'eau.

Déjà, des piétons et des chevaliers, des pèlerins, les femmes et les enfants, s'écartaient de la voie romaine pour aller boire à cette eau dont je savais qu'elle nous manquerait.

Les seigneurs donnèrent l'ordre de faire halte. Déjà !

Ils décidèrent de séparer l'*Ost de Nostre Seigneur* en deux armées, chacune ainsi disposant dans sa marche vers le sud d'une contrée dont elle pourrait tirer vivres, fourrage, eau.

Godefroi de Bouillon, Hugues le Maisné, comte de Vermandois, et le comte de Toulouse, Raymond de Saint-Gilles, chevaucheraient à l'occident, et Bohémond, Robert de Flandre, Étienne de Blois et les Byzantins de Tatikios à l'orient.

Godefroi de Bouillon m'ordonna de rester aux côtés de Bohémond pour le représenter.

« Sois plus vif que pensif, Guillaume de Thorenc », me dit-il.

Je fus mal accueilli parmi les chevaliers de Bohémond. J'étais l'espion du duc de Basse-Lorraine.

Quand nous fîmes halte dans une vallée, non loin de la ville de Dorylée, les Normands d'Italie de Bohémond, les chevaliers de Robert de Flandre et d'Étienne de Blois, les Byzantins de Tatikios s'écartèrent de moi comme si ma croix était celle d'un pestiféré.

Mais je n'eus pas le temps de me quereller avec eux.

Les Infidèles, aux cris de « *Allah Akbar, Allah Akbar* » – Dieu est grand –, surgirent au sommet des collines qui fermaient la vallée.

Leurs flèches commencèrent à tuer. Leurs javelots déchirèrent les poitrines.

Nous fîmes face, criant : « Dieu le veut, Saint-Sépulcre ! »

Nous avions abandonné nos chevaux, et nous combattions comme des piétons, faisant tournoyer nos glaives et embrochant avec nos lances les Turcs, les Arabes, les Sarrasins.

Toutes les hauteurs et toutes les vallées étaient couvertes de cette race excommuniée. Et nous la fîmes reculer, tranchant les gorges, fendant les corps en deux.

Bohémond me chargea d'aller quérir l'aide de Godefroi de Bouillon et de son armée. Je m'agenouillai, demandant à l'un de nos prêtres de me bénir, d'appeler sur moi la protection de Dieu afin qu'Il me laisse accomplir ma mission.

Se pourrait-il qu'Il veuille que Son armée soit décimée, que les Croisés n'atteignent jamais le Saint-Sépulcre ?

« Il punit nos péchés, avait murmuré le prêtre. L'ambition folle, la luxure, la cupidité, l'orgueil, corrompent nos seigneurs et chevaliers. Mais va, je prie Dieu pour toi. »

Notre Seigneur a voulu que j'échappe aux flèches et aux javelots des Infidèles.

J'ai d'une voix haletante, les battements de mon cœur emplissant ma bouche, supplié Godefroi de Bouillon et Hugues le Maisné, comte de Vermandois, de porter secours à l'armée de Bohémond de Tarente.

« Dieu le veut ! », cria Godefroi de Bouillon, et tous les seigneurs et les chevaliers, les gens de pied, s'élancèrent, enveloppant les Infidèles, les poursuivant, les massacrant.

Et je ne fus pas en reste, tuant plus qu'à mon tour, dispersant une troupe nombreuse d'Arabes qui s'apprêtaient à rejoindre les Turcs.

Ils abandonnèrent dans leur fuite les coffres remplis d'or et d'argent, leurs chevaux, des ânes, des chameaux, des brebis, des bœufs.

Et j'eus ma part de ce butin.

Dieu avait voulu notre victoire à Dorylée.

Et quand nous nous remîmes en marche, le 4 juillet de l'an 1097, la route que nous suivions était jonchée de cadavres de Sarrasins, de chevaux.

Mais Dieu nous châtiait aussi.

La route m'a paru n'être qu'une traînée de feu.

La chaleur brûlait le ciel et les pierres. La terre était nue, n'enfantant que des épines. Nous les arrachions, nous les frottions dans nos mains et nous les mâchonnions. Tel était le festin que nous offrait Dieu, parce qu'Il voulait nous rappeler que nous avions péché, oubliant les promesses que nous lui avions faites.

Il nous avait donné la victoire de Dorylée, mais maintenant c'était nous qui mourions.

De faim et de soif, d'épuisement et de chaleur, qui saura combien de centaines, de milliers de soldats du Christ, de pèlerins furent brûlés par ce feu qui tombait du ciel, montait de la terre et consumait nos corps ?

Raymond de Saint-Gilles, comte de Toulouse, fut à son tour brûlé et l'on crut qu'il allait mourir. L'évêque d'Orange, Guillaume, lui administra l'extrême-onction. Miracle ! Il ne mourut pas. Dieu l'a voulu.

C'était le 15 août de l'an 1097.

Le ciel s'est brusquement obscurci et une pluie brève et violente a pour quelques instants éteint l'incendie qui nous dévorait.

Dieu nous faisait un signe.

Les Turcs fuyaient. Nous nous sommes emparés de la ville d'Héraclée qui se trouvait à mi-chemin entre Nicée et Antioche.

Si nous prenions Antioche, la route de Jérusalem, disaient nos seigneurs, nous serait ouverte.

16.

J'ai rêvé d'Antioche.

Les chrétiens de cette cité nous parlaient d'elle comme d'une mère et d'une reine perdue, violentée par un émir cruel qui l'humiliait et la possédait.

Il se nommait Yâghi Sîyân.

Il avait transformé les églises en écuries pour les chevaux de ses soldats. La basilique avait été saccagée. Savait-on que saint Pierre, l'apôtre, avait été le premier évêque d'Antioche ? Et qui se souvenait de saint Luc, né à Antioche à laquelle il avait dédié un Évangile ?

Les chrétiens se signaient et j'avais prié avec eux.

Et maintenant, chevauchant vers le sud, aux côtés de Baudoin, le frère de Godefroi de Bouillon, j'avançais, les yeux mi-clos, et je voyais Antioche la belle, ses murailles surmontées de quatre cent soixante tours, sa citadelle qui la dominait de trois cents pieds, le fleuve Oronte et les marécages qui, mieux qu'un fossé, la protégeaient, doublaient ces murs qui, en quinze mille pas, ceinturaient la ville.

Sans l'aide de Dieu, répétaient les chrétiens, aucun homme de guerre, fût-il le plus courageux, le plus habile, aucune armée, fût-elle la plus sainte, ne pourraient prendre Antioche qui, au temps où Rome régnait sur le monde, était la troisième ville de l'Empire.

Je rêvais d'être le premier à entrer dans Antioche.

Mais mon rêve se brisait.

Je regardais autour de moi et j'écoutais. J'entendais les éclats de voix de Baudoin, frère de Godefroi de Bouillon, et de Tancrède, neveu de Bohémond de Tarente.

Nous n'étions autour d'eux, qui ne cessaient de se quereller, qu'une poignée de chevaliers.

Nous avions quitté Héraclée à la mi du mois de septembre de l'an 1097.

La grande armée des Croisés, ses milliers de chevaliers et de pèlerins, ses seigneurs – Godefroi de Bouillon, Bohémond de Tarente, Raymond de Saint-Gilles, comte de Toulouse –, était demeurée à Héraclée.

Mais Baudoin et Tancrède étaient impatients de se tailler des fiefs et Bohémond et Godefroi avaient désigné une centaine de chevaliers pour les accompagner.

Nous formions ainsi une avant-garde qui gravissait les pentes des monts Taurus, et dont les chefs jaloux l'un de l'autre se séparaient, empruntant des routes différentes.

Mais ils partageaient la même ambition : conquérir, s'enrichir, s'emparer des villes de Tarse et d'Adana, et au lieu de se diriger vers Antioche, chevauchant vers l'est, vers Édesse, s'enfoncer en terre infidèle, et en devenir les maîtres.

Dans les derniers jours du mois de septembre, Tancrède attaqua la ville de Tarse. Mais la troupe de Baudoin, avec qui je chevauchais, rejoignit l'armée de Tancrède avant qu'elle ait pu s'emparer de Tarse.

Nous n'eûmes pas à combattre les Turcs qui avaient fui dans la nuit.

Mais il y avait deux vainqueurs. Qui deviendrait le souverain de cette ville ?

Je voyais les chevaliers tirer leur glaive du fourreau, abaisser la visière de leur heaume, défier ceux de l'autre camp.

Je lisais sur le visage des chrétiens de Tarse, qui nous avaient accueillis comme des envoyés de Dieu, l'étonnement désespéré de découvrir que nous oubliions vite que nous portions entre nos épaules la croix du Christ.

J'ai crié : « Nous sommes soldats du Christ. Notre guerre est sainte ! Dieu le veut ! »

Les chevaliers de Tancrède ont hésité, puis reculé. Je n'ai pas la vanité de penser que mon cri a réveillé leur foi et rappelé leur serment. Ils ont obéi à leur seigneur, Tancrède, qui, en chef de guerre, a su que si le combat s'engageait, les chevaliers de Baudoin l'emporteraient.

Il a levé le camp avec ses chevaliers, chevauchant vers l'est, laissant Baudoin souverain de Tarse.

Il y eut entre ces deux seigneurs d'autres querelles et nous ne fûmes que quelques chevaliers pour hurler que c'était folie et sacrilège que de s'affronter ainsi entre soldats du Christ, partageant la même foi, et ayant le même but. Les seigneurs, sans reconnaître leurs torts, cessèrent de se battre comme chiens enragés. On libéra les prisonniers que chaque camp avait faits et les deux troupes se séparèrent une nouvelle fois.

J'avais la bouche pleine d'amertume.

Je n'ai plus rêvé à Antioche. Une voix, au fond de moi, me harcelait, me questionnait.
La Guerre sainte serait-elle comme un arbre dont on a cru qu'il donnerait des fruits et dont les branches tout à coup sèchent ou pourrissent ?

Je l'ai craint, je l'ai cru.
Et puis, un matin, alors que j'errais sur le rivage, j'ai vu la mer immensément ouverte se peupler de navires qui louvoyaient. Et cette flotte se dirigeait vers le port de Tarse.
J'ai pensé que le souffle de Dieu gonflait les voiles de ces bateaux qui arboraient la croix du Christ.

Ils n'ont touché terre qu'à la fin de la matinée, quand le vent a commencé à souffler vers la côte. Et les chrétiens de Tarse, et même les chevaliers de Baudoin, se saisissaient des cordages, amarraient les navires.

Et dans toutes les langues, on criait : « Dieu le veut ! »

Ils étaient près de vingt mille hommes venus de la Flandre du Nord, de la Frise, du Danemark, d'Angleterre. Commandés par Guynemer de Boulogne, un pirate, ils avaient abandonné leurs guerres privées pour rejoindre la Croisade et participer à la Guerre sainte.

J'ai marché près de Guynemer de Boulogne, qui se rendait auprès de Baudoin pour lui prêter hommage.

Genou à terre, il annonça qu'il laissait à Tarse trois cents de ses hommes pour renforcer la garnison de la ville.

Mais à la tête de ces Croisés venus à l'appel de Dieu des si lointaines contrées du nord, Guynemer de Boulogne s'en allait rejoindre l'*Ost Nostre Seigneur*, qui avait quitté Héraclée et marchait vers Antioche.

J'ai recommencé à rêver de cette ville aux quatre cent soixante tours, aux murailles longues de quinze mille pas, à sa citadelle dressée comme un pic inaccessible, à cette cité que l'on disait imprenable et sur laquelle régnait l'émir cruel, habile et résolu, Yâghi Sîyân.

17.

J'ai dit adieu à Baudoin.

Il avait oublié Antioche et Jérusalem. Il écoutait, les yeux brillants d'avidité et de cupidité, des émissaires arméniens qui lui offraient les villes de Turbessel et d'Édesse, dont les habitants chrétiens avaient chassé les garnisons turques et désiraient qu'un seigneur latin, et ses chevaliers, devienne leur seigneur.

Ils évoquaient le vieux gouverneur d'Édesse, l'Arménien Thoros qui, sans descendance, était prêt à adopter pour fils Baudoin si celui-ci venait prendre possession de la ville et en assurait la défense.

Baudoin, quand il apprit que je renonçais à le suivre, a craché sa salive et son mépris.

« Va avec qui tu veux, couard de Thorenc, pars avant que je ne te châtre. »

Je l'ai vu s'éloigner avec une centaine de chevaliers et il a été enseveli par l'épaisse poussière jaune du désert.

Je n'ai pas été le témoin des événements que je vais rapporter mais les chevaliers qui m'en ont fait le récit ont juré devant Dieu qu'ils avaient suivi Baudoin. Avant de parvenir à Édesse, ils avaient franchi à ses côtés l'Euphrate, un fleuve plus large que la rade de la Corne d'Or à Constantinople.

À Édesse, les habitants avaient répandu des fleurs devant Baudoin et ses chevaliers.

Thoros les attendait sous un dais brodé de fils d'or. Les tables étaient dressées pour offrir au seigneur et à ses chevaliers des viandes et les poissons de l'Euphrate, et les vins les plus frais, les fruits les plus juteux.

Puis vint le cérémonial de l'adoption.

Thoros invita Baudoin à se dévêtir, et à passer ainsi, complètement nu, entre sa propre chemise et sa chair.

J'ai imaginé Baudoin et j'ai été honteux de ce corps-à-corps, de l'étreinte de Thoros, du baiser qu'il donna à Baudoin.

Et, toujours nu, Baudoin se glissa sous la chemise de l'épouse de Thoros et l'embrassa.

Baudoin fut après ce cérémonial l'héritier légitime de Thoros.

Je ne veux porter aucune accusation.

Les chevaliers bavards m'ont dit que Thoros fut massacré par les habitants d'Édesse le lendemain du jour où il avait remis la citadelle de la ville à Baudoin.

Celui-ci était-il l'âme de la conspiration ?

Personne ne peut ou n'ose répondre avec certitude.

Je sais seulement que Baudoin, comte de Flandre, devint seigneur d'Édesse. Et la ville selon ceux qui la connaissaient était puissante, belle et gorgée de richesses.

Baudoin sut défendre son bien. Il ne sortait de la citadelle qu'entouré de ses chevaliers francs. Malheur à ceux des habitants soupçonnés de conspirer contre leur seigneur. Aux uns, on coupait les pieds, aux autres, les mains, à quelques-uns, le nez, les oreilles, la langue, les lèvres ou les yeux. Et tous étaient châtrés, envoyés en exil afin qu'on sache que Baudoin, comte de Flandre, frère de Godefroi de Bouillon, était un souverain impitoyable.

Je savais déjà, et j'ai constaté tout au long de ma vie qu'un homme, fût-il seigneur et Croisé, devient plus cruel qu'un loup quand il oublie le serment fait à Dieu.

18.

Baudoin, ses vilénies et ses cruautés se sont dissipés comme de mauvaises brumes quand j'ai vu, occupant tout l'horizon, la grande armée des Croisés.

J'ai reconnu, entourés de leurs chevaliers portant les oriflammes, Bohémond de Tarente, Godefroi de Bouillon, Raymond de Saint-Gilles, comte de Toulouse, et chevauchant à la tête des soldats de l'empereur byzantin, le général Tatikios.

J'ai remercié Dieu d'avoir pu enfin retrouver l'*Ost Nostre Seigneur*, qui comptait trois cent mille hommes, dont des milliers de chevaliers et de gens d'armes, et la foule de pèlerins.

Les chariots suivaient, chargés de victuailles, offertes ou achetées. Les habitants des campagnes traversées, des Arméniens chrétiens, bénissaient ces chevaliers et ces gens de guerre qui les délivraient des Turcs, et en signe de reconnaissance ils fournissaient l'*Ost de Nostre Seigneur* en vivres frais.

J'ai craint que Godefroi de Bouillon ne me reprochât d'avoir rompu mon serment d'allégeance à son frère Baudoin. Il m'effleura l'épaule de son gantelet, puis me montra une troupe d'au moins cinq cents chevaliers qui commençaient à s'ébranler, à quitter la grande armée.

« Si tu veux Antioche, Guillaume de Thorenc, va avec eux. Sois vif, oublie le pensif », me lança Godefroi de Bouillon.

Aussitôt, je pris le galop pour rejoindre cette troupe.

J'appris qu'un Arménien venait d'annoncer à Raymond de Saint-Gilles que la garnison turque avait abandonné Antioche. Il fallait prendre au plus vite la ville.

« Dieu nous la donne », répétaient les chevaliers.

Tous disaient que, sans la volonté de Dieu, la ville qui s'étendait entre le fleuve Oronte et le mont Silpios, et qui était entourée d'une enceinte de quinze mille pas, était imprenable. Je savais tout cela.

Et cependant il fallait la conquérir, car elle commandait la route de Jérusalem.

C'était donc signe de Dieu que sa garnison de sept mille chevaliers et de dix mille hommes abandonnât cette place forte, cette ville marchande qui disposait du port de Saint-Siméon, situé à quelques heures de marche. Il fallait aussi s'en emparer.

Et j'ai une nouvelle fois rêvé d'Antioche, la ville aux nombreuses fontaines que des aqueducs alimentaient, et du port de Saint-Siméon, d'où nous pourrions gagner les ports du sud, proches de Jérusalem.

Dieu avait-Il voulu nous éprouver ?

Nous apprîmes alors que nous nous engagions dans une vallée proche de celle de l'Oronte, que loin d'avoir quitté Antioche, les Turcs renforçaient les défenses de la ville.

Le gouverneur, Yâghi Sîyân, avait demandé à tous les émirs de la région de conclure une alliance, de livrer bataille à l'armée du Mal qui dévastait les terres du Prophète, tuait les croyants et brûlait le Coran.

J'eus, apprenant ces nouvelles, l'impression de tomber au fond d'un abîme.

Et je ne fus pas le seul à pleurer, à maudire les ruses des Turcs, ces fils du diable.

Mais Dieu nous punissait.

Il nous fallait tourner bride et marcher à la rencontre de l'*Ost Nostre Seigneur.*

19.

Je n'ai pas reconnu la grande armée de la Croisade.

Où étaient les chevaliers, porteurs d'oriflammes ?

Qu'étaient devenus les seigneurs orgueilleux et les dizaines de milliers de pèlerins ?

Cela faisait des jours que je les attendais au pied des montagnes de l'Anti-Taurus, dont les cimes escarpées se dressaient au-dessus de la plaine verdoyante qui entoure la ville de Marash.

Tout à coup, je les ai vus surgir des défilés. Ils chancelaient. Ils étaient sans armes, sans chevaux, sans chariots. Des milliers d'entre eux avaient roulé dans les précipices, entraînés par la chute de leur monture. Ils avaient jeté leurs armures, leurs glaives et leurs lances.

Les femmes et les enfants étaient morts les premiers, d'épuisement et de soif.

La chaleur avait achevé les plus faibles et la faim dévoré des centaines d'autres.

J'ai donné à boire à ceux qui défaillaient, comme on le fait avec les enfants, tenant leur nuque dans ma paume.

Ils regardaient autour d'eux, découvraient ce verger chargé de fruits. Ils entendaient le roucoulement des sources. Et ils avaient à nouveau soif.

« Ce sont les montagnes du diable », a murmuré l'un d'eux.

Il a décrit ces abîmes, ces falaises qui, dans un grondement, s'abattaient sur eux.

J'ai recueilli leurs plaintes et j'ai entendu leurs colères.

Pourquoi Dieu les avait-Il ainsi jetés entre ces crocs de pierre ?

Pourquoi durant ce voyage en enfer Dieu les avait-Il abandonnés ?

Je n'ai pas répondu à ces questions qui me tenaillaient aussi.

J'ai simplement dit : « Dieu veut savoir si nous voulons Le servir et être Ses chevaliers. »

Ils se sont apaisés. Ils ont dormi et ripaillé.

Ils ont prié Notre Seigneur de les guider, et les forgerons de Marash ont battu le fer porté au rouge, et affûté le tranchant de ces glaives.

Nous nous sommes enfin, après plusieurs jours, remis en route et le 30 octobre de l'an 1097, avec l'avant-garde, j'ai enfin pénétré dans la vallée de l'Oronte.

Nous n'avons pas eu le temps de mettre pied à terre devant le Pont de Fer, situé à trois heures de marche d'Antioche.

Les Turcs qui gardaient ce Pont de Fer nous ont aussitôt attaqués. Mais notre désir de vaincre l'Infidèle, de montrer à Dieu que nous Lui étions fidèles était si grand que nous nous sommes élancés, forçant les Turcs à reculer, à abandonner les chariots chargés de vivres, les troupeaux.

Le gouverneur, Yâghi Sîyân, s'apprêtait donc à résister à un long siège et il voulait disposer de viande et de farine.

Ce fut notre butin.

Nous poursuivîmes les Turcs, et Bohémond de Tarente réussit à atteindre la porte Saint-Paul, à l'est de la ville.

Cependant, l'*Ost Nostre Seigneur* déferlait dans la vallée de l'Oronte et bientôt nous étions trois cent mille encerclant Antioche.

Dieu nous avait pardonné.

J'ai chevauché le long de l'enceinte de la porte Saint-Paul à la porte du Chien, de celle-ci à la porte de la Mer.

J'ai franchi les marais et passé l'Oronte à gué.

J'étais l'un des messagers de Godefroi de Bouillon, et j'avais ainsi le privilège d'approcher Bohémond de Tarente et Tancrède, Raymond de Saint-Gilles et le légat du pape, Adhémar du Theil, ou le général Tatikios.

Je m'étonnais que la porte du Pont ne fût point gardée, si bien que les Turcs pouvaient

sortir et entrer dans la ville sans qu'on les atta-
quât.

Je n'osais, face à nos seigneurs, clamer mon
impatience. Qu'attendait-on pour s'élancer à
l'assaut de la ville ?

J'étais du parti du comte de Toulouse.
Raymond de Saint-Gilles prônait une attaque
immédiate d'Antioche.

Je l'ai entendu crier que si Dieu avait donné
la victoire aux Croisés, à Nicée et à Dorylée, s'Il
leur avait permis de traverser les montagnes diaboliques de l'Anti-Taurus, il fallait – on devait,
on pouvait – compter sur Son aide.

Mais les autres seigneurs n'avaient aucune
hâte.

En cet automne de l'an 1097, l'air était
doux, les vivres abondants. La campagne autour
d'Antioche était un verger.

Le calme régnait.

Les Turcs se contentaient d'envoyer quelques
essaims de flèches, mais ils ne tentaient aucune
sortie.

Alors, seigneurs et chevaliers se prélassaient
et ripaillaient, chassaient, se rendaient au port
de Saint-Siméon accueillir une flotte génoise, et
l'arrivée de ces renforts fut prétexte à libations
et à festins.

Qui pouvait prêter attention à la voix d'un
jeune chevalier sans pouvoir ni fortune ni
féaux ?

Je rapportais que les messagers du gouverneur Yâghi Sîyân parcouraient le pays, se rendaient à Alep, à Damas, appelaient à une grande alliance, à l'envoi de renforts à Antioche, pour en finir avec l'armée des ennemis du Prophète. On haussait les épaules, on se moquait de ma couardise, on criait : « Qu'ils y viennent ! » Et on recommençait à ripailler.

Puis vinrent la pluie et le vent glacé. Ce fut l'hiver et tout changea.

À plusieurs reprises, je fus poursuivi par des cavaliers turcs qui profitaient des longues nuits pour se glisser hors de l'enceinte et se plaçaient en embuscade ; bondissant sur les chrétiens isolés, égorgeant les hommes et les chevaux, attaquant les campements, massacrant des pèlerins avant que l'alerte fût donnée, enlevant les femmes.

Il n'était plus question de ripailler. Mais nos seigneurs avaient vécu comme si le beau temps et la quiétude dureraient toujours.

Il n'y avait aucune réserve de vivres. La faim à nouveau tenaillait les plus pauvres des pèlerins et des gens de pied de l'*Ost Nostre Seigneur*.

Des rixes éclataient devant l'étal des marchands qu'on malmenait car les prix des aliments croissaient chaque jour.

Les seigneurs se querellaient, s'accusaient les uns les autres d'imprévoyance et d'impuissance.

On décida de construire un château qui, situé non loin du camp de Bohémond de Tarente, permettrait de surveiller l'enceinte d'Antioche et d'attaquer les Turcs qui la franchiraient.

On le nomma Maregart, et chaque seigneur devrait avec ses chevaliers l'occuper à tour de rôle.

Je ne croyais pas que l'on pût ainsi s'emparer d'Antioche. Nous étions devenus, nous les assiégeants, des assiégés.

Je réunis quelques chevaliers appartenant à plusieurs seigneurs et chacun de nous, humblement, demanda à celui dont il était le féal de cesser de subir les embuscades des Turcs. Il fallait rompre ce maléfice, et ne pas laisser la discorde grandir parce que la faim mordait les corps des pèlerins et des gens d'armes.

Le 23 décembre de l'an 1097, nos seigneurs se réunirent et décidèrent de nous approvisionner en pillant les campagnes et les bourgs qui se trouvaient à l'orient d'Antioche. Nous allions ravager le pays d'Alep.

Et je n'y trouvais rien à redire. Je désirais combattre et vaincre.

Nous célébrâmes la fête de la Nativité. Nous chantâmes en l'honneur du Divin Enfant, puis nous nous mîmes en route.

Nous étions vingt mille et Bohémond de Tarente chevauchait à notre tête. Le reste de la grande armée des Croisés, commandée par le légat Adhémar de Monteil et le comte de Toulouse Raymond de Saint-Gilles, demeurait devant la ville.

Nous n'eûmes pas le temps de piller, de remplir nos chariots de vivres, de nous emparer des troupeaux.

Après trois jours de marche, nous vîmes se dresser devant nous des milliers de Turcs, de Sarrasins, d'Arabes. Ces Infidèles venaient au secours d'Antioche, à l'appel de Yâghi Sîyân.

Alors la mort commença sa moisson.

Je vis tranchés en deux de proches chevaliers.

Et j'ai fendu à grands coups de glaive le corps des Infidèles.

La mort seule fut victorieuse.

Les Infidèles ne poursuivirent pas leur route vers Antioche, et nous ne rapportâmes à l'*Ost Nostre Seigneur* pas un seul grain de blé.

Durant notre brève absence, les Turcs d'Antioche avaient fait une sortie par la porte du Pont, avertis de notre départ par leurs espions qui étaient aussi nombreux que des rats.

Le comte de Saint-Gilles les refoula.

Si Dieu l'avait voulu, les chevaliers de Raymond de Saint-Gilles ce jour-là eussent pu forcer la porte du Pont, franchir l'enceinte.

Mais Dieu voulait encore nous châtier et nous éprouver.

Un cheval démonté, pris de panique, sema le désordre parmi les hommes du comte de Saint-Gilles.

Nombre d'entre eux tombèrent dans l'Oronte et, alourdis par leur armure, disparurent aussitôt dans les eaux du fleuve, comme les pierres qu'on y jette.

Et fut tué Héraclius, le porte-bannière du légat du pape Adhémar de Monteil, évêque du Puy.

Dieu frappait Son Église.

J'y vis le signe de Sa terrible colère.

20.

J'ai prié pour que la colère de Dieu s'apaise mais, le 30 décembre de l'an 1097, et durant les premières semaines de l'an 1098, j'ai douté de Son pardon. J'ai même cru qu'Il voulait nous précipiter dans les abîmes de l'enfer.

La nuit du 30 décembre, le ciel tout à coup s'est illuminé. Une lumière blanche glacée l'a envahi, comme une aurore menaçante annonçant l'apocalypse.

La terre s'est mise à trembler.

Les bateaux amarrés dans le port de Saint-Siméon ont été brisés par de hautes vagues, les précipitant les uns contre les autres.

Des torrents de pluie se sont abattus sur nos tentes, et il a suffi d'un jour pour qu'elles soient déchirées, la toile pourrie comme nos boucliers dont le cuir s'effilochait. Quant à nos armes, elles se couvraient de rouille. Les cordes des arcs se déchiraient et les flèches se brisaient.

C'était un hiver dont les Arméniens nous confiaient qu'ils n'en avaient jamais vu d'aussi rigoureux.

Le sol était une mer de boue noirâtre où l'on ne pouvait ensevelir les morts. Nous étions affaiblis par la faim et les maladies qui rongeaient notre peau car nous ne trouvions pas un seul abri pour nous protéger de cette pluie qui se déversait sur nous comme si Dieu avait décidé de nous noyer.

Le légat du pape Adhémar de Monteil, évêque du Puy, ordonna trois jours de jeûne et de prières pour implorer le pardon céleste.

Le légat exigea que l'on chassât de l'*Ost* les « folles femmes de mauvaise vie », que l'on punît de mort les beuveries, les jeux de dés, les blasphèmes.

Je vis un homme et une femme nus et enchaînés, battus. Ils ont parcouru les allées du camp jusqu'au lieu du supplice.

Nous avons obéi au légat, prié, les seigneurs comme les gens de pied, les chevaliers comme les pèlerins démunis.

Mais seuls les pauvres succombaient à la faim car les quelques aliments que des Arméniens apportaient dans nos campements se payaient avec des pièces d'or et d'argent.

Alors les pauvres se couchaient dans la boue et agonisaient en suppliant Dieu de les arracher à cette vie de souffrances.

Mais certains parmi eux étaient prêts à tous les sacrifices pour satisfaire leur faim.

Ils tuaient les chevaux, enfonçant dans l'orifice naturel une lance, et les bêtes s'abattaient sans blessure apparente et l'on imaginait qu'elles étaient atteintes d'un haut mal qui empêchait de les dépecer et de se nourrir de leur chair. Mais ceux qui les avaient blessées se repaissaient de viande.

Et il y avait ceux qui dévoraient de l'homme, prisonniers égorgés et mis à cuire, et enfants dont les corps, comme ceux des porcelets, étaient mis à la broche.

Pourquoi Dieu nous aurait-Il pardonné ?

Certains d'entre nous n'étaient plus que des bêtes rapaces que le diable habitait.

Était-ce cela la Guerre sainte ?

Et qu'étaient devenus les soldats du Christ ?

Les Turcs avaient même réussi, au cours de l'une de leurs sorties, à s'emparer d'une bannière sur laquelle était représentée la Vierge Marie.

Ils l'avaient souillée, puis l'avaient suspendue à leurs remparts et ils urinaient sur elle, nous défiant.

Et nous avions été incapables d'arracher la Mère du Christ des mains de ces profanateurs.

Pourquoi Dieu nous aurait-Il pardonné ?

Je ne voulais pas croupir, pourrir, alors je marchais le long des murailles d'Antioche, indifférent aux flèches turques, dont les essaims m'enveloppaient.

J'assistais aux assemblées des chevaliers et des seigneurs. Bohémond de Tarente y parlait haut, exigeait qu'on lui promît le gouvernement d'Antioche et laissait entendre qu'il avait le moyen de franchir l'enceinte. Mais il ne le dévoilerait pas parce que les espions rôdaient dans le camp. Arméniens, Syriens, et même chrétiens d'Orient se glissaient hors de l'enceinte, se mêlaient aux pèlerins puis allaient vendre aux Turcs les renseignements qu'ils avaient recueillis.

Une nuit de février de l'an 1097, Bohémond décida de faire rôtir quelques-uns de ces espions qu'on avait capturés, de les embrocher, et d'en nourrir le peuple des pèlerins et les seigneurs.

Les Turcs connaîtraient ainsi notre résolution.

Les bouchers se mirent à l'œuvre. On trancha les têtes, démembra les corps. Et on mordit à belles dents dans la chair humaine.

Dieu acceptait-Il cela ?

Cette question qui me tourmentait, je l'ai chassée de mon âme.

Peut-être fallait-il montrer aux hommes et à Dieu notre résolution.

Alors, je me rangeai derrière Bohémond de Tarente et je combattis, ce 9 février de l'an 1098, les cavaliers turcs et leurs archers venus au secours de la garnison d'Antioche.

Et je tuai tant que je fus couvert de sang.

Les Turcs s'enfuirent et nous tranchâmes près de cinq cents têtes.

Nos machines de guerre en lancèrent des centaines par-dessus les remparts d'Antioche, et les autres furent plantées sur des pieux en face des murailles de la ville.

La Vierge Marie était vengée.

L'hiver et la faim s'éloignaient.

J'écoutai un pèlerin provençal du nom de Pierre Barthélemy qui me chuchotait qu'il avait été visité durant son sommeil par deux envoyés de Dieu qui lui avaient montré le lieu où était enfouie, dans la basilique Saint-Pierre d'Antioche, « la lance qui a percé le flanc de Jésus d'où est sorti le salut du monde entier ».

Quand Antioche serait prise, Barthélemy chercherait la lance et la remettrait aux seigneurs de la Croisade. Et ainsi, par ce signe, Dieu indiquerait-Il qu'il donnait Sa protection à la grande armée de Croisés, assurée dès lors de vaincre les Infidèles et de les chasser de Jérusalem et du Saint-Sépulcre.

J'ai écouté Pierre Barthélemy et j'ai voulu le croire.

Tout changeait. Le ciel était lavé, d'un bleu étincelant. La brise venue de la mer était légère. Les chevaliers affûtaient leurs glaives, les gens de pied tendaient les cordes de leurs arcs.

Les seigneurs avaient décidé de construire un château au lieu-dit de la Mahomerie, et de fortifier un couvent situé près de la porte Saint-

Georges, et de pouvoir ainsi, avec ces places fortes, empêcher la sortie des Turcs. Peu importait que l'armée grecque du général Tatikios ait quitté son camp. Bohémond, habilement, l'y avait incité. Il restait le maître à qui on avait promis Antioche. Il était donc déterminé à la conquérir. J'étais à ses côtés.

Mais ce fut d'abord la défaite. Neuf cents chevaliers tués, Bohémond de Tarente et Raymond de Saint-Gilles contraints de fuir, entourés de quelques hommes armés, dont je faisais partie. Les Turcs nous avaient surpris alors que nous revenions du port de Saint-Siméon où était arrivée, ce 4 mars de l'an 1098, une flotte anglaise.

Les Turcs s'étaient emparés des marchandises qu'avaient apportées les Anglais et lorsque nous arrivâmes au camp, nous étions humiliés et décidés à effacer notre défaite.

Nous avons levé nos glaives, crié « Dieu le veut » et appelé tous les chevaliers à se joindre à nous.

Nous avons rejoint les Turcs alors qu'ils s'engageaient sur le pont étroit qui franchit l'Oronte. Ils avaient cheminé lentement, chargés du butin, notre bien.

Nous nous sommes élancés, et des centaines d'entre eux furent précipités dans l'Oronte.

Jamais je n'avais combattu ainsi, guidé par le désir flamboyant de vaincre. J'ai fendu des Turcs en deux. Mon glaive me semblait léger, et je me sentais invincible.

Dieu le veut.

Enfin, la porte de l'enceinte fut ouverte et les Turcs rescapés purent se mettre à l'abri.

Mais mille cinq cents des leurs jonchaient les berges du fleuve et des centaines de corps s'entassaient sur le pont.

Dans la nuit, les Turcs se glissèrent hors de la ville et ensevelirent leurs morts.

Nous avions regagné nos camps, et sans avoir eu la force de nous dévêtir, nous nous étions laissés tomber sur le sol, comme morts.

J'ai fait serment de tout dire, mais j'hésite à décrire ce que j'ai vu le lendemain.

Des Croisés, retournés sur les lieux de la bataille, déterraient les corps des Turcs, les dépouillaient de tout ce qui était précieux, puis tranchaient leur tête, et les jetaient dans des chariots.

On remit ces trophées aux ambassadeurs du calife d'Égypte, qui nous avaient rendu visite et qui devaient apprendre à nous craindre.

Ces hommes qui fouillaient la terre pour faire butin sur les corps morts, je les revois, prédateurs, bêtes féroces, créatures du Mal.

Mais ils portaient sur l'épaule la croix du Christ.

Ma honte et mes remords sont vains.

La Guerre sainte était ainsi.

Et les détrousseurs de cadavres, les égorgeurs, étaient mes compagnons d'armes.

Ils se prétendaient soldats du Christ, comme moi !

21.

C'était le printemps de l'an 1098.
Cela faisait près de trois années que j'avais quitté la demeure des Thorenc.

Il me semblait que, depuis que j'avais écouté l'appel de notre souverain pontife Urbain II et que je portais la croix sur l'épaule, j'avais vieilli de mille ans.

J'avais tué, j'avais vu l'homme dévorant l'homme. Et je savais qu'à la guerre, fût-elle sainte, celui qui n'accepte pas d'égorger de l'homme, celui-là doit quitter l'*Ost Nostre Seigneur* et s'enfermer pour prier dans une abbaye.

Il n'était plus temps pour moi de renoncer ou de condamner mes compagnons d'armes parce qu'ils avaient jouissance à occire.

Car d'hommes, nous avions grand besoin.

Les chefs des Infidèles marchaient avec leurs armées vers Antioche et l'émir de Mossoul, Kerbogha, les commandait. Il était, disaient les chrétiens qui fuyaient devant cette ruée, à la tête de plusieurs dizaines de milliers de cavaliers, d'archers, de gens de pied de toutes sortes.

L'armée chrétienne pouvait être prise, écrasée entre la garnison d'Antioche et les troupes de Kerbogha.

Le 28 mai de l'an 1098, la rumeur se répandit que Kerbogha n'était plus qu'à quelques jours d'Antioche. Il fallait conquérir la ville avant l'arrivée de l'armée des Infidèles.

J'ai entendu dans tout notre camp le nom de Kerbogha murmuré ou crié par des voix que la terreur déformait.

Des chevaliers fuyaient vers le port de Saint-Siméon. Plusieurs seigneurs dont Étienne de Blois abandonnèrent eux aussi la grande armée des Croisés.

Je m'étonnais du calme et de l'assurance de Bohémond de Tarente. J'ai appris plus tard qu'il avait partie liée avec un Turc d'Antioche, un certain Firouz qui, par haine du gouverneur Yâghi Sîyân, s'était engagé à livrer la tour d'enceinte dont il avait la garde.

Pour ne pas éveiller l'attention des autres tours, les chevaliers et les gens de pied devaient à grand bruit quitter leur camp et s'éloigner d'Antioche en direction du sud, et se rabattre plus tard sur la ville.

Pendant ce temps, Firouz lancerait une échelle de corde et les chevaliers escaladeraient ainsi l'enceinte et s'empareraient de la tour puis, après avoir ouvert les portes à d'autres chevaliers, de toute la ville.

Le 3 juin de l'an 1098, j'ai fait partie des cent dix chevaliers qui ont escaladé la muraille. J'étais de ceux qui atteignirent parmi les premiers le sommet de la tour puis conquirent les tours voisines, ouvrirent les portes de la ville et, d'une seule voix, crièrent : « Dieu le veut ! »

Alors commença le massacre.

Dans la nuit, qui pouvait distinguer l'homme de la femme, et même de l'enfant ?

On égorgea, on fendit en deux les Turcs affolés et même des chrétiens.

Tous ceux qui n'étaient pas Croisés étaient tués.

Le gouverneur Yâghi Sîyân prit la fuite mais un paysan arménien le reconnut et lui trancha la tête qu'il porta à Bohémond de Tarente.

Il reçut généreuse récompense.

Dans l'aube naissante de ce 3 juin de l'an 1098, je vis le sang ruisseler sur les pavés, les corps amoncelés. Et j'entendis les cris de terreur et les râles.

J'ai marché lentement dans cette ville que nous assiégions depuis neuf mois et où seuls les chiens et les chevaux étaient encore en vie.

Nous tentâmes de prendre d'assaut la citadelle qui dominait la ville mais nous échouâmes.

Devant moi, Bohémond de Tarente fut atteint par une flèche et tomba à genoux, la cuisse percée.

Je l'aidai à se relever, à marcher.

Ses chevaliers nous entourèrent. Il donna l'ordre d'enterrer les morts.

Puis, d'un geste ample et lent, il montra Antioche dont les quartiers s'étageaient depuis la citadelle jusqu'à l'Oronte et au mur d'enceinte.

Alors, les Croisés, chevaliers et gens de pied, se ruèrent sur Antioche, ville des morts, livrée au pillage et au saccage.

22.

J'ai, ce 3 juin de l'an 1098, marché dans Antioche qui n'était plus comme on l'avait nommée « Antioche la belle », mais « Antioche la morte ».

Les rues et les places étaient encombrées de cadavres. Au fond d'un ravin qui séparait la citadelle de la ville, des centaines de Turcs gisaient. Ils avaient fui nos chevaliers et nos gens de pied qui les poursuivaient et s'étaient précipités dans cet abîme.

Un chevalier qui comme moi regardait cet amoncellement de corps me dit en riant : « Ç'a été une véritable joie de les voir ainsi tomber mais – il tendit le bras pour montrer les corps – nous avons à regretter plus de trois cents chevaux que ces maudits Turcs ont entraînés dans leur chute en enfer. »

Je me suis éloigné mais c'était partout le même entassement de chair morte.

Sur le seuil des maisons pillées, il y avait des cadavres de femmes et j'ai détourné la tête pour ne pas voir ces jupes déchirées, ces jambes nues, ces têtes fracassées.

J'ai erré longtemps. J'ai dormi et des cris m'ont réveillé.

L'avant-garde de l'armée de Kerbogha venait de s'emparer du Pont de Fer.

Les Turcs avaient déjà attaqué le château de la Mahomerie, et les Croisés de Robert de Flandre, qui devaient le défendre, l'abandonnaient après y avoir mis le feu.

Ils se réfugiaient dans Antioche. Les Turcs de Kerbogha les pourchassaient et nous nous sommes précipités pour repousser les Infidèles.

On se battait aussi aux bords de la citadelle dont la garnison avait été renforcée par des archers de Kerbogha commandés par un émir – Ahmed Ibn Merwan – que l'on disait redoutable.

Qu'était devenue notre victoire ?

J'apercevais le camp dressé par les Turcs de Kerbogha. Les tentes étaient innombrables.

Les cavaliers infidèles, brandissant leurs lances, faisaient tournoyer leurs cimeterres, caracolaient le long du mur de l'enceinte.

Ils nous injuriaient, nous promettaient la torture et la mort. Ils surgissaient de l'horizon, et leurs tuniques noires couvraient la plaine.

Nous n'étions plus que des assiégés.

Que faire de notre butin, des bijoux, des plats ciselés, des coffres remplis de pierreries ou de vêtements somptueux ?

Déjà la faim nous tenaille. Nous cherchons des vivres dans cette Antioche pleine de morts. Et nous jetons les cadavres par-dessus l'enceinte. Nous dépeçons les chevaux, les ânes, les mulets, les chameaux et bientôt nous dévorerons à pleines dents le cuir que nous faisons bouillir et couvrons d'épices.

La faim m'étrangle, le désespoir et la colère m'étreignent.

Je voudrais ne plus entendre les cris des cavaliers turcs. Et, pour les faire cesser, nous guettons le moment où les Turcs s'éloignent pour ouvrir l'une des portes, tenter de saisir quelques Infidèles. Mais c'est nous qui tombons dans une embuscade.

Ces Infidèles tranchent la tête des chevaliers tombés entre leurs mains et les exposent, à la pointe de leurs pieux, dressés non loin de l'enceinte.

Je ne comprends pas la langue des Infidèles mais je sais ce qu'ils disent : demain voilà votre destin, il est entre nos mains, nous vous laissons croupir, dévorer la chair pourrie, déterrer des animaux morts pour vous en repaître, et quand vous aurez la pourriture en vous, nous attaquerons et nous déciderons de votre sort : la mort ou l'esclavage.

Vous êtes des pourceaux, et Antioche est votre enclos.

J'ai de la peine à brandir mon glaive, à porter mon armure tant je suis las. Et je vois autour de moi ces chevaliers, ces gens de pied épuisés.

Ils s'affaissent, leur tête tombe sur leur poitrine. Ils s'endorment au lieu de monter la garde au sommet des tours de l'enceinte, et il faut les hurlements des Turcs de Kerbogha auxquels répondent les cris des Infidèles de la citadelle pour que nous nous redressions, et combattions.

La mort ce jour-là, 10 juin de l'an 1098, n'a point voulu de moi alors même que je ne cherchais pas à la fuir mais à la défier, à la provoquer.

Lorsque la nuit est tombée, j'étais debout, couvert de sang, au centre d'un cercle de cadavres d'Infidèles, et je me suis laissé tomber au milieu d'eux.

Je n'étais qu'un vivant promis à la mort, incapable de dormir comme si Dieu voulait que je voie ces chevaliers, ces seigneurs, mes frères en Christ, mes compagnons de croisade qui, devenus des rats, couraient vers le mur d'enceinte, lançaient des cordes, le long desquelles ils glissaient.

Ils rompaient leur serment, ils nous abandonnaient.

Je n'ai pas bougé, je n'ai pas cherché à les retenir, à leur rappeler le serment qu'ils avaient prêté.

Je savais qu'ils se rendaient au port de Saint-Siméon et de là, ils rejoindraient l'armée de l'empereur byzantin qui, Bohémond de Tarente en était sûr, marchait vers Antioche afin de nous porter secours.

L'armée d'Alexis Ier, Basileus de Constantinople, ne nous a pas secourus.

Je sais aujourd'hui que ceux qui nous avaient abandonnés – Étienne de Blois le premier, le plus éloquent – ont prétendu qu'Antioche était tombée entre les mains de Kerbogha et de l'émir Ahmed Ibn Merwan.

Ils dissimulaient leur lâcheté sous le linceul d'une défaite et de notre mort qui n'étaient pas encore survenues, mais dont ils souhaitaient pour la paix de leur âme qu'elles s'accomplissent.

Alexis Ier les écoute, et son armée rebrousse chemin, rentre à Constantinople, dévastant tout sur son passage pour ne laisser aux troupes de Kerbogha – dont nos fuyards disent qu'elles vont marcher vers la capitale de l'Empire chrétien – qu'un désert où elles mourront de soif et de faim.

Et nos fuyards, nos parjures, approuvent Alexis Ier, et le suivent, le précèdent même tant ils ont peur de tomber aux mains des Infidèles.

Et ils nous imaginent vaincus et morts.

Et nous devrions l'être.

Mais, au plus profond de moi, comme une pierre précieuse couverte d'immondices, l'espoir en la main secourable de Dieu demeure vivant.

Quand, en ce mois de juin de l'an 1098, j'ai écouté ce pèlerin, Pierre Barthélemy, qui m'avait déjà confié des visions célestes, répéter qu'il fallait creuser dans la nef de la basilique Saint-Pierre pour y découvrir la lance qui avait frappé le Christ en croix, je n'ai pas douté de la volonté de Dieu.

Un prêtre, Étienne de Valence, assura que Jésus-Christ en personne l'avait chargé de transmettre aux Croisés ce message : « Va dire à mon peuple qu'il revienne à moi et je reviendrai à lui et, dans cinq jours, j'apporterai un grand secours. »

Mon corps se redresse lorsque j'entends Pierre et Étienne rapporter leurs visions. Autour de moi, les chevaliers se donnent l'accolade. « Dieu nous aide ! », crie-t-on.

Les seigneurs, Bohémond de Tarente, Raymond de Saint-Gilles, comte de Toulouse, jurent sur les Évangiles et sur la Croix qu'aucun d'entre eux, tant qu'ils seraient vivants, ne fuirait pour échapper à la mort.

Et Bohémond de Tarente donna l'ordre d'incendier une partie d'Antioche afin de diminuer le nombre des lieux à défendre. Au milieu des flammes, nous nous battons contre des Turcs qui reculent, surpris de notre élan, désorientés par ce brasier qui prouve notre résolution.

Nous la proclamons en invoquant Dieu. Et Il en fut persuadé puisque dans la basilique Saint-Pierre, Barthélemy, nu-pied et en chemise, descendit dans la fosse que, sur ses indications, on avait creusée, et il retrouva la Sainte Lance.

J'ai couru hors de la basilique en criant que la volonté de Dieu venait de se manifester, que, en nous offrant la Sainte Lance, Il nous promettait la victoire.

Et d'autres chevaliers qui avaient comme moi accompagné les seigneurs dans la basilique et vu la Sainte Lance répandirent la nouvelle dans toute la ville.

Et ce fut parmi les Croisés une grande joie.

On pria, on jeûna trois jours, on se rendit en procession à la basilique, on s'agenouilla et se signa devant la Sainte Lance.

Et nous avons juré de combattre et de vaincre.

Nous sortîmes d'Antioche le matin du 28 juin de l'an 1098. Nous étions une vingtaine de mille, chevaliers et gens de pied mêlés, car nous manquions de chevaux et certains chevaliers étaient montés sur des bêtes de somme.

Derrière nous s'élançaient des milliers de pèlerins sans armes et de moines, de prêtres, de clercs, d'évêques, et des centaines d'entre eux portaient des croix, psalmodiaient.

Et je me sentais revenu aux premiers jours, quand j'avais choisi de me croiser.

J'ai crié, voix parmi les voix : « Dieu le veut ! Dieu aide ! Saint-Sépulcre ! »

Adhémar de Monteil, légat du pape, évêque du Puy, portait la Sainte Lance et les seigneurs Hugues de Vermandois, comte de Flandre, Godefroi de Bouillon, Bohémond de Tarente, Tancrède chevauchaient à la tête de leurs troupes.

Quand je me retournais, je voyais cette armée de croix et j'apercevais sur le mur d'enceinte des moines et des prêtres agenouillés qui priaient.

Nous ne pouvions que vaincre !

Les Turcs nous avaient crus désespérés, désemparés, morts en nous, et ils nous découvraient, trop tard, résolus.

Ils mirent le feu aux herbes et aux broussailles pour arrêter notre marche.

Nous traversâmes les flammes, nous poursuivîmes les Infidèles, et les Arméniens et les Syriens massacraient ceux qui se trouvaient isolés.

L'armée de Kerbogha n'était plus qu'une troupe débandée. Elle avait abandonné son camp où nous eûmes à partager un énorme butin.

J'avais pensé prendre ma part puis j'ai vu ces femmes qui tentaient de se cacher et que mes compagnons d'armes massacraient.

J'ai quitté le camp des Turcs sans rien emporter.

À Antioche, l'émir Ahmed Ibn Merwan se rendait, ouvrait les portes de la citadelle en échange de la vie sauve pour lui et sa garnison.

On le lui promit et on le conduisit sur la route d'Alep.

Là, les Arméniens massacrèrent une partie de sa troupe.

En ce 28 juin de l'an 1098, veille de la fête des apôtres Pierre et Paul, je savais déjà depuis longtemps que, même en Guerre sainte, toute victoire guerrière a l'odeur de la mort.

Seigneur Dieu Tout-Puissant, pardonne aux hommes, pardonne-moi.

23.

Je suis entré dans la basilique Saint-Pierre. J'ai vu les statues décapitées, les icônes aux yeux crevés, les fresques martelées ou recouvertes de chaux vive, les autels brisés. Les Turcs avaient saccagé et souillé le lieu sacré.

Une foule de pèlerins s'affairait autour du maître-autel qu'ils avaient redressé. D'autres priaient, agenouillés au bord de la fosse au fond de laquelle, après plus de dix heures de fouilles, Pierre Barthélemy avait découvert la Sainte Lance. Je me suis approché. Je n'ai vu ni chevalier ni seigneur, mais seulement les gens de peu, des pauvres, qui psalmodiaient avec ferveur et répétaient : « Saint-Sépulcre », « Dieu le veut ! »

Ils n'imploraient pas le pardon de Dieu.
La Sainte Lance et les visions de Pierre Barthélemy et du prêtre Étienne de Valence étaient les signes de la protection du Seigneur.
Ces pauvres, ces démunis qui se nourrissaient de charogne et d'herbes, refusaient de s'attar-

der à Antioche où ils crevaient de misère et de faim.

Ils voulaient que la grande armée des Croisés se remette en route afin d'atteindre – comme Dieu le désirait – Jérusalem et le Saint-Sépulcre.

J'étais comme eux impatient, et je craignais, si nous n'accomplissions pas notre vœu, celui de Notre Seigneur, la colère céleste.

Mais qui d'autre que les gens de peu, les démunis, les affamés, voulait quitter Antioche, affronter les émirs et leurs troupes, qui régnaient sur le pays que nous devions traverser pour atteindre Jérusalem ?

Ces émirs gouvernaient des villes puissantes, riches, comme Marra, Tripoli, Beyrouth, Acre, Césarée, Jaffa et tant d'autres.

Il faudrait les vaincre. Et seuls les gens de peu, les démunis, qui étaient aussi des gens pieux, ne se souciaient pas des obstacles, et des ennemis que la Croisade rencontrerait dans sa marche vers Jérusalem.

Ils n'étaient pas gens de guerre mais gens de Dieu.

J'étais chevalier.

J'avais combattu auprès de Bohémond de Tarente et de Godefroi de Bouillon. Les seigneurs avaient pu mesurer mon ardeur et ma fidélité. J'assistais donc au Conseil de la Croisade qui s'était réuni au début du mois de juillet de l'an 1098, quelques jours seulement après notre victoire.

J'ai écouté, j'ai dévisagé ces seigneurs qui se querellaient.

Ils ne se sont accordés que pour écarter toute idée de départ pour Jérusalem.

C'était l'été, disaient-ils, la chaleur et le manque d'eau nous vaincraient avant même que nous ayons affronté les Arabes. Ceux-ci n'étaient pas des guerriers aussi cruels et barbares que les Turcs de Kerbogha mais ils étaient maléfiques comme tous les Infidèles. Il fallait donc différer le départ jusqu'au mois de novembre de l'an 1098.

J'ai osé dire quelques mots.

Le dessein de Dieu en nous donnant la victoire était que, portés par elle, nous nous élancions vers Jérusalem. Les Arabes s'inclineraient devant le vœu de Dieu et notre ardeur victorieuse.

« Que sais-tu de la volonté de Dieu ? », s'exclama Bohémond de Tarente, et tous approuvèrent.

Je me tus.

Pouvais-je dire que Bohémond de Tarente, et même Adhémar de Monteil, légat du pape, comme bien d'autres seigneurs et grand nombre de chevaliers, se moquaient des visions célestes de Pierre Barthélemy et d'Étienne de Valence ?

Les uns avaient refusé de se rendre à la basilique où Pierre Barthélemy fouillait la terre à la recherche de la Sainte Lance.

Les autres avaient fait mine de croire aux visions parce qu'il fallait bien donner du courage aux gens de peu qui étaient aussi des gens pieux.

Mais maintenant qu'Antioche était prise, les seigneurs et les chevaliers ne se souciaient plus de Jérusalem !

« Plus tard, plus tard, répétaient-ils. Pour l'heure, jouissons de notre victoire. »

Ils pillent, ils abusent des femmes qui ont survécu aux viols et aux massacres.

Ils volent, ils forment des bandes qui s'attaquent même aux chevaliers des autres nations.

Les seigneurs visent un plus gros butin.

Bohémond de Tarente veut Antioche.

Peu lui importe qu'un accord ait été passé avec Alexis Ier pour lui remettre toutes les villes conquises et d'où les Turcs avaient chassé les Grecs.

Mais Raymond de Saint-Gilles, comte de Toulouse, conteste les ambitions de Bohémond. Il veut la citadelle, et les autres seigneurs la désirent aussi.

Faudra-t-il vider la querelle, lance au poing, et en appeler ainsi au jugement de Dieu ?

Je m'indigne et me morfonds durant ces mois de l'été de l'an 1098.

Je rôde autour des trente maisons situées sur la place de l'église Saint-Jean d'Antioche.

Là, vivent et prient des Génois que Bohémond a accueillis en échange d'un appui.

Ils achètent. Ils vendent. Ils palabrent, assis sur la margelle d'un puits situé au centre de la place, devant l'église. Ils entassent dans leur entrepôt les fruits des pillages que leur apportent ces chevaliers devenus chefs de bande.

Est-ce pour que les marchands génois établissent un comptoir à Antioche que sont morts, sur la route qui doit conduire à Jérusalem et au Saint-Sépulcre, des milliers de pèlerins, ceux de Civitot, de Nicée et de Dorylée ? Ceux des chemins escarpés des montagnes de l'Anti-Taurus ? Dieu punira ceux qui oublient et trahissent les morts de la Croisade.

Cette crainte envahit mon âme. Elle devient certitude à la mi-juillet de l'an 1098 quand la maladie noire commence à frapper. Elle tue les gens de peu et les chevaliers, les hommes et les femmes, les enfants et les estropiés.

Chaque jour tombent en pleine rue plusieurs centaines de personnes, victimes de l'épidémie.

Mille cinq cents hommes d'armes des provinces du Rhin, venus pour combattre les Infidèles, débarqués au port de Saint-Siméon, meurent, dès leur arrivée à Antioche.

Le 1ᵉʳ août, le légat du pape est atteint à son tour.

On pleure Adhémar de Monteil. On se lamente. On y voit – j'y vois – un signe de la colère de Dieu qui nous punit pour nos pillages, les tortures que les Croisés qui ravagent le pays infligent aux Infidèles afin de leur faire avouer l'endroit où ils cachent leurs biens. Ceux qui ne meurent pas sont réduits en esclavage et vendus à Antioche.

On enterre le légat dans la basilique Saint-Pierre, non loin de la fosse où Barthélemy a découvert la Sainte Lance.

Et je me souviens de la réticence d'Adhémar de Monteil à reconnaître le miracle, à croire aux visions.

« Dieu l'a puni, que Dieu lui pardonne », dit Pierre Barthélemy.

Mais chaque jour, l'épidémie tue, plus impitoyable que les Turcs et les Arabes.

Ces derniers attaquent les chevaliers de Raymond de Saint-Gilles, comte de Toulouse, qui se sont aventurés jusqu'aux abords de la ville de Marra. Ils cherchent des vivres que le comte de Toulouse veut distribuer aux pauvres, frappés par la disette.

Je croise ces affamés dans les rues d'Antioche.

Ils vont en bandes eux aussi. Ils déterrent les cadavres d'animaux, les rôtissent, les mangent. Ils chassent les chiens.

Et je sais qu'ils se nourrissent aussi de la chair de l'homme. J'en ai le haut-le-cœur.

Ils se rassemblent autour des seigneurs qui se réunissent en Conseils de Croisade. Ils crient qu'ils veulent que l'on quitte Antioche, qu'on marche vers Jérusalem.

Ils menacent, si les seigneurs s'entêtent alors que l'automne est là, que l'hiver s'annonce, de détruire l'enceinte d'Antioche.

Et peu leur importe que la ville ait été donnée à Bohémond.

Ces gens de peu, ces gens de rien, ces gens de Dieu, veulent aller au Saint-Sépulcre, là où leurs fautes seront pardonnées par Dieu qui accueillera tous les pèlerins dans son royaume.

Les seigneurs écoutent, promettent, assurant que le Conseil de Croisade qui doit se réunir le 1er novembre de l'an 1098 fixera la date du départ pour Jérusalem. On leur répond : « Dieu le veut ! »

On acclame l'entrée dans Antioche de Godefroi de Bouillon. Venant de la région d'Édesse, fief de son frère Baudoin, Godefroi a été attaqué par une centaine de Turcs.

Ils sont là, prisonniers de Godefroi de Bouillon, portant les têtes de captifs que Godefroi a fait mettre à mort pour célébrer son triomphe.

Et les gens de peu crient leur joie.

« Dieu le veut ! », répètent-ils.

Je regarde jusqu'à la nausée cette fête païenne.

Antioche nous pourrit. Seuls Jérusalem et le Saint-Sépulcre peuvent nous racheter.

24.

Jérusalem ! Saint-Sépulcre !

Ces noms sacrés, mon espérance, envahissent, en ce mois de novembre de l'an 1098, les rues et les places d'Antioche.

Les gens de peu, les gens de rien, les gens pieux, les prêtres pauvres aussi efflanqués que des affamés, les Provençaux, les pèlerins aux yeux brillants de colère et de foi, les vagabonds, les estropiés, lancent ces noms sacrés avec colère et brandissent leurs poings comme s'ils tenaient un glaive.

Je me suis approché de l'un de ces rassemblements de pauvres.

Ils sont vêtus de haillons, leurs os percent leur peau. Ils grelottent car le vent d'automne souvent chargé de pluie est glacé.

Ils écoutent Pierre Barthélemy rapporter les propos que lui a tenus Adhémar de Monteil surgi une nuit du royaume des morts.

Le légat du pape, le visage couvert de plaies, a expliqué qu'il a été jeté en enfer pour avoir douté quand la Sainte Lance a été découverte.

En enfer, on l'a fouetté, brûlé sur tout le corps puis il a été pardonné.

Adhémar de Monteil a poursuivi, martelant la volonté de Dieu : « Il faut que cessent les querelles entre Raymond de Saint-Gilles et Bohémond. L'armée doit se mettre en marche. Dieu le veut. »

« Jérusalem ! Saint-Sépulcre ! », a scandé Pierre Barthélemy.

J'ai moi aussi répété ces noms sacrés.

« J'ai vu saint André et saint Pierre dans une grande lumière, dit Pierre Barthélemy. L'apôtre Pierre a condamné les meurtres, les pillages et les rapines, l'adultère, l'injustice, ces plaies qui défigurent l'armée des Croisés. Dieu voit, Dieu sait, Dieu punit, mais Dieu pardonne si l'armée des Croisés prend la route de Jérusalem. »

Je me mêle aux gens de peu. Ils guettent Raymond de Saint-Gilles, comte de Toulouse, l'entourent.

Ils sont menaçants. La foi et la faim les brûlent et Raymond de Saint-Gilles cède.

« Il faut, dit-il, conquérir d'abord la ville de Marra qui ferme la route de Jérusalem. »

Les gens de rien crient maintenant : « Marra ! Marra ! »

Je chevauche au milieu d'eux et je m'indigne comme eux de voir sur les remparts de Marra des croix souillées. Les Infidèles nous lancent des défis, des mots sacrilèges.

C'était le dimanche 28 novembre de l'an 1098, et je me suis élancé, glaive levé, vers les murailles.

Derrière moi, j'entendais la foule des hommes d'armes, des chevaliers, des gens de peu qui espéraient comme moi que cette attaque inattendue allait emporter la ville. J'ai cru que nous y parviendrions. J'ai vu les Sarrasins qui abandonnaient les murailles.

Mais il nous a manqué des échelles et nous avons été repoussés. Il en fut ainsi le lendemain, et les jours suivants. Le siège nous affaiblissait.

Raymond de Saint-Gilles a ordonné la construction d'un château roulant, une machine de guerre de trois étages bien garnis d'écus et de poulies. Dans les deux étages supérieurs étaient des guerriers armés de cuirasses et fournis de traits, de pieux, de flèches, de pierres, de javelots et de torches. Au-dessous étaient des hommes sans armes, qui poussaient les roues sur lesquelles était placé ce château.

Les Infidèles versent sur cette machine de guerre de l'huile bouillante, des pierres, des essaims d'abeilles. Les chrétiens placés plus haut que les murailles répondent.

Et l'on entend des chants et les prières des prêtres revêtus de leurs ornements sacrés qui adjurent Dieu de défendre Son peuple et de le conduire jusqu'à Jérusalem.

Les chrétiens du château roulant creusent à coups redoublés une sape à la base de l'enceinte et une nuit, enfin, un pan de la muraille s'effondre.

J'ai suivi la ruée des gens de peu qui, escaladant les pierres, envahissaient la ville.

J'étais le seul chevalier parmi cette piétaille.

Et j'ai pris dégoût d'elle, qui m'est cette nuit-là apparue plus cruelle, plus bestiale que les chevaliers !

Elle massacrait les jeunes enfants, les femmes, les vieillards. Ces démunis, ces pauvres égorgeaient, éventraient puisqu'on leur assurait que les Infidèles avalaient leurs pièces d'or afin de les dissimuler.

Cette nuit-là, les gens de peu s'emparèrent de tout le butin et le matin venu les chevaliers trouvèrent la ville de Marra dévastée, saccagée, elle aussi devenue comme Antioche, ville des morts.

Mais de vivres, point !

Et le pays alentour avait déjà été vidé de tout ce qui pouvait se manger. Jusqu'à l'écorce des arbres. La terre avait été retournée pour en arracher les racines.

J'ai survécu mais la nausée, qui n'était pas celle que provoque la faim, me soulevait le cœur.

J'appris que Bohémond de Tarente avait promis la vie sauve à tous les Infidèles qui se réfugieraient dans une salle située aux portes de l'enceinte.

Beaucoup l'écoutèrent. Et Bohémond, au mépris de la foi jurée, fit massacrer les hommes et conduire les femmes et les enfants à Antioche pour y être vendus.

Sur son ordre, on enfuma les souterrains et les grottes dans lesquels de nombreux Sarrasins s'étaient cachés.

J'attendais, la faim et le dégoût tordant mon ventre, que l'armée rassemblée à Marra se mît en route pour Jérusalem, mais les querelles entre les seigneurs avaient repris. À qui Marra ? À Bohémond ? Au comte de Toulouse ? À Godefroi de Bouillon ?

Comme moi, les gens de peu passaient de la colère au désespoir.

Ils n'avaient aucune ressource. Certains, malgré les risques d'être massacrés par les Infidèles, abandonnaient Marra et la Croisade et tentaient de rejoindre le port de Saint-Siméon.

Ils rêvaient d'un navire qui les transporterait loin de cette Terre sainte pour laquelle ils avaient tout quitté.

L'attente et la faim les tenaillaient au point de devenir des animaux à visage d'homme.

Nombreux en vinrent à se nourrir de cadavres de Sarrasins tout puants qu'ils allaient chercher dans les fossés au pied du mur d'enceinte, là où ils avaient été jetés deux semaines auparavant.

J'ai vu couper un ou deux morceaux de fesse d'un Sarrasin et les affamés ne se donnaient même pas la peine de les rôtir, les déchirant de leurs dents cruelles comme celles des loups.

Mon dégoût avait cédé la place à l'épouvante.

L'homme, créature de Dieu, prêt à affronter les dangers de la Croisade, à donner sa vie pour sa foi, ce même homme dévorait la chair de ses ennemis qu'il avait tués.

Dieu voulait-Il cela ?

J'ai été tenté de quitter la Croisade, de renoncer à mon serment.

En cette fin décembre, mois de la Nativité, je me suis abîmé en prières.

Et Dieu décida pour moi !

Les pèlerins, pour contraindre les seigneurs à prendre la route de Jérusalem, menacèrent de démanteler les fortifications de Marra. Et Raymond de Saint-Gilles, comte de Toulouse, fit une expédition en pays infidèle et en rapporta butin et vivres. Les hommes reprirent visage humain, et chantèrent des cantiques quand Raymond fixa la date du départ au 11 janvier de l'an 1099.

J'ai crié avec les gens de peu : « Demain, Jérusalem ! Demain, le Saint-Sépulcre ! »

25.

Devant moi, ce 11 janvier de l'an 1099, Raymond de Saint-Gilles marche seul à la tête de l'armée des Croisés.

Il est pieds nus, il porte la robe de bure des pèlerins, et je ne quitte pas des yeux la croix de tissu blanc cousue entre ses épaules.

J'ai voulu avec quelques autres chevaliers lui faire escorte mais, d'un geste impérieux, il nous a écartés.

Il veut que les gens de peu, qui ont exigé que l'armée des Croisés se mette en route, sachent en le voyant vêtu comme un petit prêtre, un vagabond de la foi, qu'il n'est pas seulement le comte de Toulouse, l'ambitieux chef de guerre, mais un humble pèlerin qui guidera la Croisade et la conduira à Jérusalem.

Il a donné l'ordre avant notre départ, ce 11 janvier de l'an 1099, d'achever de détruire les murailles de Marra.

Les gens de peu qui avaient commencé à les démolir se sont précipités, arrachant les pierres, louant le comte de Toulouse qui n'oubliait pas son serment.

Ils l'ont acclamé quand il les a invités à incendier la ville.

Je me retourne.

Marra brûle, les maisons s'embrasent et s'effondrent. C'est comme si le feu engloutissait les vilénies, les massacres et les dévorations de cadavres dont Marra avait été le théâtre.

Il me semble qu'enfin je respire librement. Cela fait près de quinze mois que je pourris dans ces villes et contrées de Syrie, plus d'un an que les seigneurs ont oublié le but de la Guerre sainte.

J'ai cru, ce 11 janvier, qu'enfin, enfin, avec l'aide de Dieu, nous revenions dans le droit chemin de la Croisade.

Mais que de morts nous avions semés en quelques mois !

Que de chevaliers, de moines, de prêtres, de gens de peu, que de seigneurs nous ont abandonnés, regagnant les terres d'Occident, s'enrôlant au service de l'empereur Alexis Ier, ou bien vivant dans des fiefs que les plus entreprenants d'entre eux s'étaient taillés dans ces contrées infidèles.

Nous avions été cent mille chevaliers et nous n'étions plus qu'un millier ! Deux cent mille gens de pied avaient marché à nos côtés et ils n'étaient plus que cinq mille !

Et cependant l'espoir me portait.

Au fur et à mesure que nous avancions, nous dirigeant d'abord vers Damas puis longeant la côte, nous rencontrions des ambassadeurs, envoyés par les émirs qui gouvernaient les villes de Laodicée, de Jabala, de Tortose, de Tripoli, de Beyrouth, de Sidon, de Tyr, d'Acre, et venaient à notre rencontre. J'ai lu la crainte dans leurs yeux. Nous inspirions la terreur.

J'appris par l'un de nos chevaliers – Évin du Rouergue –, qui avait été le prisonnier et l'otage de l'un de ces émirs, que les Infidèles pensaient que, puisque nous avions dévoré les cadavres de nos ennemis, nous étions devenus invincibles.

Évin du Rouergue décrivait les villes où il avait séjourné comme des lieux enchanteurs, où l'eau fraîche coulait d'innombrables fontaines.

« À leurs yeux, expliquait Évin, nous sommes des bêtes qui ont la supériorité du courage et de l'ardeur au combat mais aucune autre, de même que les animaux ont la supériorité de la force et de l'agression. »

Les émirs craignaient tant notre violence qu'ils voulaient nous éloigner de leurs villes. Ils versaient un tribut, nous approvisionnaient.

Et comme de plus nous pillions leurs contrées et nous emparions de leurs troupeaux, nous avions des vivres en abondance, et des coffres si pleins qu'il nous fallut mille chevaux de trait pour les transporter.

Et les émirs nous fournissaient des guides pour passer les fleuves à gué !

Nous avons ainsi franchi l'Oronte, remettant notre vie entre les mains de ces Infidèles qui nous précédaient, traçant notre route au milieu du fleuve, et j'ai craint qu'ils ne nous tendent un piège, qu'une partie des cavaliers arabes surgisse et massacre notre troupe.

Mais les guides ne nous trahirent pas et les émirs tinrent leurs promesses.

J'ai alors imaginé que Dieu nous avait laissé commettre des cruautés bestiales pour que nous puissions terroriser et vaincre les Infidèles.

Mais un Dieu de charité et d'amour pouvait-Il laisser l'homme dévorer du cadavre d'homme ?

À moins que Dieu n'attende le Jugement dernier pour prononcer son verdict, et chacun d'entre nous avait été libre de choisir son chemin.

Ainsi, en toute connaissance, Dieu avait-Il laissé Judas Le trahir !

J'ai eu peur de mes pensées, et j'ai prié pour chasser ces questions de mon esprit et j'ai participé à tous les combats que nous avons eu à livrer contre les Infidèles qui refusaient d'obéir aux émirs trop prudents ou trop couards.

Les Sarrasins nous suivaient. Ils fonçaient comme des oiseaux de proie sur les traînards, ces pèlerins épuisés ou toujours en maraude.

Pour les défendre, le comte de Toulouse s'était placé à l'arrière-garde et je l'avais rejoint, cependant que Tancrède et les quarante chevaliers qui l'entouraient formaient l'avant-garde.

Nous avons été victorieux.

Quand un château fort tenu par les Infidèles – ainsi le krak des Kurdes qui paraissait imprenable – résistait à nos assauts, sa garnison profitait de la nuit pour l'évacuer, sûre que nous allions en renverser les murs parce que nous étions invincibles.

Et nous trouvions dans ce château déserté des provisions en abondance.

Nous avons pu ainsi célébrer la fête de la Purification le 2 février de l'an 1099 dans le krak des Kurdes.

Puis, les Sarrasins ayant fui, nous nous sommes emparés du port de Tortose, dans lequel vinrent s'amarrer des bateaux grecs, génois, anglais chargés de victuailles.

Mais je constatais une nouvelle fois que les victoires et le butin qu'elles apportaient avivaient les querelles entre les seigneurs.

Le comte de Toulouse voulait faire halte, attendre la venue promise d'une armée de l'empereur Alexis Ier pour nous aider à libérer Jérusalem.

Godefroi de Bouillon prétendait qu'il s'agissait là d'un prétexte pour arrêter notre marche afin de jouir de notre butin.

Et les gens de peu, les humbles prêtres voulaient qu'on ne s'attarde pas, qu'on s'élance, profitant de notre force et de la terreur que nous inspirions.

J'étais de ce parti.

J'écoutais Pierre Barthélemy qui racontait que des figures célestes l'avaient visité, lui rappelant que Dieu en nous offrant la Sainte Lance avait manifesté Sa volonté.

Il fallait donc atteindre au plus vite Jérusalem.

Dieu le veut !

Des prêtres avaient eu eux aussi des visions qui toutes confirmaient l'authenticité de la Sainte Lance et le sens de ce signe donné par Dieu.

Je voulais croire ces visionnaires qui se heurtaient aux incrédules.

Parmi ces derniers, Arnoul de Chocques, le chapelain du comte de Normandie, rappelait que le légat du pape, Adhémar de Monteil, avait toujours soupçonné Pierre Barthélemy de n'être qu'un imposteur qu'approuvait une bande de magiciens habiles en paroles artificieuses !

J'ai tenté de faire taire les uns et les autres, mais je n'étais qu'un chevalier dont la voix fut vite étouffée.

On approuva ceux qui disaient : « Si Dieu tout-puissant a parlé à Pierre Barthélemy face à face, que cet homme s'en remette à la justice divine, qu'il traverse un brasier sans être blessé. S'il a menti, qu'il soit brûlé avec sa lance ! »

On entasse des fagots. On y met le feu et les flammes sont si hautes, si violentes que l'on ne peut approcher du brasier. L'évêque d'Albara – une cité que nous venons de conquérir – bénit les flammes et Pierre Barthélemy qui n'est vêtu que d'une tunique. Ses jambes et ses pieds sont nus.

Il marche vers le feu, tenant la Sainte Lance.

Je le vois qui s'élance à travers deux tas de bois enflammés que sépare un étroit passage. Il est environné de flammes. Il s'effondre. On le tire hors du brasier.

J'ai vu cela. Je n'ai pas cru ceux qui prétendaient que Barthélemy avait traversé les flammes sans être brûlé mais qu'il avait été piétiné et écrasé par les gens de peu qui voulaient se partager les vêtements de ce saint homme.

Il est mort de ses brûlures le mercredi 20 avril de l'an 1099.

Il avait d'abord juré qu'il n'avait jamais menti, puis a supplié que l'on édifiât en Provence une église pour y placer la Sainte Lance.

Mais qui se souciait des dernières volontés de Pierre Barthélemy, ce criminel imposteur « justement châtié par Dieu » ?

Je découvrais avec étonnement que les gens de peu qui avaient vénéré Barthélemy et s'étaient agenouillés devant la Sainte Lance paraissaient ne jamais l'avoir connu.

Et moi qui lui avais prêté attention, moi auquel il s'était confié, me racontant ses premières visions, il me fallait faire un effort pour me souvenir de lui.

Dans mon esprit, dans ma poitrine, ne palpitait qu'un nom sacré, Jérusalem !

Nous marchions le long de la côte, sur des chemins étroits et escarpés.

Nous nous enfoncions dans des défilés propices aux embuscades, mais tout en restant sur nos gardes, nous avancions avec assurance, sûrs que Dieu nous guidait, allait nous donner la victoire.

Le 19 mai de l'an 1099, nous étions à Beyrouth, le lendemain à Sidon, le 24 mai à Acre, et le 25 à Césarée, où nous célébrions avec ferveur les fêtes de la Pentecôte.

J'ai prié avec les gens de peu, mais j'ai gardé la main serrée sur mon glaive.

Un pigeon sans doute blessé par un épervier s'était abattu sur nous, et nous avons déchiffré le message qu'il portait.

L'émir d'Acre qui nous avait accueillis la veille avec magnificence écrivait à l'émir de Césarée :

« Une race de chiens est entrée dans ma ville, race folle et querelleuse, à laquelle si tu aimes ta loi tu dois chercher à faire beaucoup de mal, tant par toi que par les autres. Si tu le veux, tu le pourras facilement. Fais savoir ces mêmes choses dans les autres villes et dans les châteaux. »

Mais je n'ai pas eu besoin de brandir mon glaive durant les quatre jours que nous passâmes à Césarée.

Les émirs et les habitants des villes tremblaient devant notre « race de chiens » dévoreurs de la chair de nos ennemis.

Aussi les Infidèles fuyaient-ils, abandonnant les villes et les châteaux.

Le 3 juin, je suis entré l'un des premiers dans la ville de Rama, que ses habitants avaient abandonnée.

Sans doute craignaient-ils notre vengeance puisque c'était dans cette ville que saint Georges avait été martyrisé.

Nous nous sommes recueillis autour de son corps enseveli dans l'église de Rama, et nos seigneurs décidèrent de créer un évêché qui fut attribué à Robert de Rouen. Nous laissâmes une petite garnison pour défendre la ville.

On m'aurait couvert d'or et de louanges ou élevé aux plus hautes et nobles dignités que je n'eusse pas accepté de demeurer à Rama, alors que nous étions si proches de Jérusalem. Nous avions appris que la Ville sainte avait été conquise par les Arabes fatimides du Caire et qu'ils avaient renforcé ses défenses.

Il y aurait donc combat et j'étais prêt à donner ma vie pour y participer. Cela faisait plus de trois années que j'attendais, espérais cet instant.

Et mon cœur et mon corps tremblaient d'impatience et d'émotion.

Le 6 juin de l'an 1099, nous quittons Rama et atteignons Emmaüs.
La chaleur nous arrache la peau.
Je vois dans l'air qui tremble s'avancer des hommes et des femmes qui portent la croix du Christ, qui nous bénissent.
Les Infidèles à notre approche les ont chassés de Jérusalem.
Tancrède et une dizaine de chevaliers, qui sont partis en avant-garde, reviennent. Ils sont allés jusqu'à Bethléem où les habitants chrétiens les ont accueillis, les ont bénis, des larmes de joie et d'émotion plein les yeux.

J'ai pleuré en remerciant Dieu de m'avoir laissé vivre ce moment.
Je me suis agenouillé et j'ai embrassé cette terre.
Là, le Christ, Notre Seigneur, avait laissé l'empreinte de son pas.

26.

Tant d'années sont passées depuis cette aube du mardi 7 juin de l'an 1099 et cependant, quand je ferme les yeux, je vois les dômes dorés de la Ville sainte.

Jérusalem est devant moi avec ses hautes murailles, ses collines. Et j'entends les prières que récitent, agenouillés, les seigneurs, les chevaliers, les gens de pied, les gens de peu.

Mon corps tremble encore d'émotion comme si le temps ne s'était pas écoulé, comme si j'étais encore l'homme jeune qui remerciait Dieu de l'avoir conduit jusque-là, à Jérusalem.

Je retrouve ma joie, ma certitude d'alors.

Peu importe les fortes défenses de Jérusalem, sa garnison aguerrie et nombreuse, les vivres accumulés dans les entrepôts, l'eau abondante, tout ce qui doit lui permettre de tenir durant un long siège.

Peu importe !

Nous allons vaincre puisque Dieu a voulu que nous franchissions tous les obstacles et d'abord nos divisions, nos désespoirs.

Ni la maladie noire, ni la faim, ni les Turcs, ni les Sarrasins, ni tous ces Croisés dont les cadavres ont jalonné notre route, ne nous ont incités à renoncer. Mais si nombreux sont ceux qui nous ont abandonnés.

Nous sommes là, ce mardi 7 juin de l'an 1099, vivants, résolus, joyeux.

Je me dresse sur mes étriers. Je regarde cette foule.

Nous étions des centaines de milliers et nous ne sommes plus que trente mille et plus de la moitié sont prêtres, enfants, vieillards, femmes, estropiés, qui ne combattront pas !

Je compte tout au plus douze mille gens d'armes et à peine mille trois cents chevaliers.

Si Dieu retirait Sa main protectrice, nous ne pourrions vaincre, franchir ou percer ces murailles.

Bohémond de Tarente, le plus habile et courageux de nos chefs de guerre, ne nous a pas rejoints.

Godefroi de Bouillon, Tancrède, le comte Raymond de Saint-Gilles sont de valeureux combattants, mais ils sont rivaux.

Ils savent pourtant qu'ils doivent faire taire leurs querelles, mais ils songent à celui d'entre eux qui deviendra le maître de la Ville sainte.

Et puis nous manquons de vivres et surtout d'eau.

Les Égyptiens de la garnison, prévoyant qu'ils seraient assiégés, ont bouché les puits et coupé les canalisations dans les environs de la ville.

Il faut marcher plusieurs heures dans la fournaise aveuglante pour atteindre la fontaine de Siloé qui ne coule que de « trois jours en trois jours ».

Je m'y suis rendu !

Était-ce cela l'armée des Croisés ?

Des pèlerins qui se battaient pour tenter de remplir leurs outres, des enfants et des vieillards qui étaient piétinés. Et dans l'eau stagnante, des cadavres d'animaux ! Il faut donc aller chercher de l'eau plus loin des camps que nos seigneurs – Robert Courteheuse, Robert de Flandre, Tancrède, Godefroi de Bouillon, Raymond de Saint-Gilles, comte de Toulouse – ont établis tout au long des murailles.

Ce n'est pas seulement l'eau qui nous manque.

Il nous faudrait des machines de guerre, mais où trouver le bois pour construire des tours roulantes, des béliers, des mangonneaux qui lanceront des blocs de pierre sur les remparts ?

On espère qu'une flotte génoise débarquera au port de Jaffa des pièces de bois, et que ses marins, adroits charpentiers, construiront ces machines.

Je savais combien nous étions démunis.

Mais l'espérance et la confiance me soulevaient de terre. J'ai accompagné nos seigneurs, comtes et barons qui, le dimanche 12 juin de l'an 1099, s'en sont allés consulter un ermite qui vivait sur le mont des Oliviers.

Les yeux clos, les mains jointes, l'ermite a dit d'une voix ferme que Dieu tout-puissant livrera la ville à ceux qui l'attaqueront dès demain avant la neuvième heure. Point besoin de machines de guerre, d'échelles. Dieu permettra d'escalader les murailles.

Nos seigneurs ont cru à la prédiction de l'ermite et, le 13 juin de l'an 1099, nous avons donné l'assaut.

Les cadavres de nombreux chevaliers et de gens d'armes ont commencé à combler les fossés puisque nous avons été repoussés. Et les Égyptiens ont ajouté les moqueries et les paroles sacrilèges à leur victoire.

Leurs flèches et les jets d'huile bouillante nous ont empêchés d'inhumer les corps de nos frères morts.

J'ai vu l'inquiétude dans les yeux de nos seigneurs.

Heureusement, dès le 15 juin, nous apprîmes que la flotte génoise attendue était arrivée à Jaffa.

J'ai fait partie de la troupe de Croisés de l'armée du comte de Toulouse envoyée à Jaffa pour protéger le débarquement et le transport des marchandises, des vivres et du bois.

Nous fûmes attaqués par un fort parti d'Infidèles. Et j'ai prié pour que le Seigneur me laisse vie afin que, après ces mille jours de souffrance, je puisse m'agenouiller devant le Saint-Sépulcre.

Il m'a entendu. J'ai tué et je n'ai pas été tué. Mais tant des nôtres sont tombés que des nausées de chagrin ont envahi ma bouche.

Pourquoi Dieu exigeait-Il tant de sacrifices qui nous faisaient douter de Sa volonté ?

Nous vîmes une flotte égyptienne bloquer Jaffa, contraindre les Génois à abandonner leurs navires, un seul d'entre eux réussissant à quitter le port.

Le doute a saisi nombre de Croisés.

La faim commençait à nous tordre le ventre.

Il fallait aller chercher l'eau jusqu'au Jourdain, là même où saint Jean-Baptiste avait reconnu le Christ.

Les gens de peu entraient en priant dans le fleuve, remplissaient leurs outres, cueillaient des palmes puis, au lieu de rentrer au camp, se dirigeaient vers Jaffa, afin d'y embarquer et de regagner leur pays. Ils avaient mis leurs pas dans ceux du Christ et l'eau du Jourdain les avait baptisés, comme Jésus l'avait été. Cela leur suffisait.

Je n'ai pas songé à quitter la Croisade et cependant je n'ai pas cru le prêtre Pierre Didier qui, au début du mois de juillet, raconta qu'il avait eu la vision d'Adhémar de Monteil.

Le légat du pape qui avait douté des visions de Pierre Barthélemy lui enjoignait de faire faire aux Croisés un jeûne de trois jours puis une procession solennelle autour de Jérusalem.

Si les Croisés obéissaient, la Sainte Ville tomberait au bout de neuf jours aux mains des chrétiens.

J'ai participé, le vendredi 8 juillet de l'an 1099, comme tous les Croisés, à la procession, priant et chantant les cantiques alors que du haut de leurs murailles les Infidèles nous injuriaient, nous raillaient, exposant des croix couvertes d'immondices et d'excréments.

Je les vouais à l'enfer et, me souvenant de Pierre Barthélemy et de la Sainte Lance, j'ai ce jour-là, 8 juillet, prié mais fait d'abord confiance à ces machines de guerre que Godefroi de Bouillon et Raymond de Saint-Gilles avaient fait construire.

Ils s'apprêtaient à les pousser contre les remparts de Jérusalem. Et pour cela ils avaient entrepris de faire combler le fossé qui longeait la muraille. Combien de Croisés sont morts dans ce fossé, que les Infidèles écrasaient sous les pierres, brûlaient avec les jets d'huile bouillante et visaient avec leurs flèches ?

J'ai prié pour ces pèlerins qui offraient leur corps à la mort pour que nous puissions vaincre.

Mais personne ne se dérobait.

DIEU LE VEUT

Les vieillards, les femmes et les enfants couvraient les machines de guerre avec des peaux de bête afin de protéger du feu grégeois, des pierres et des flèches ceux des Croisés qui prendraient place dans ces tours roulantes.

Nous, les chevaliers et les hommes d'armes, nous attendions le moment de l'attaque.

Je priais pour que Dieu me place au premier rang.

27.

Dieu a écouté ma supplique et je fus l'un des premiers chevaliers à sauter du haut de la tour roulante de Godefroi de Bouillon sur les murailles de la Sainte Ville, ce vendredi 15 juillet de l'an 1099, et c'était l'heure à laquelle le Christ fut mis en croix.

Je me battais, glaive au poing, depuis l'aube du jeudi 14 juillet.

Au fil des heures, sous une pluie de flèches, de jets d'huile bouillante et de feu grégeois, j'avais essayé plusieurs fois d'atteindre le sommet des remparts, m'agrippant aux échelles, repoussé, blessé, rouge de mon sang.

Enfin la tour roulante de Godefroi de Bouillon, couverte de peaux de bête sur lesquelles glissaient les projectiles enflammés, arriva ce vendredi 15, et je grimpai jusqu'à la dernière plate-forme surmontée d'une croix.

Là, armés d'arbalètes, se trouvaient Godefroi de Bouillon et son frère Eustache de Boulogne ainsi que trois chevaliers. Nous étions plus haut que les murailles et nos flèches atteignaient les défenseurs sarrasins, égyptiens, turcs, arabes.

Ils reculèrent et nous bondîmes de la plate-forme sur la muraille.

Après, je ne me souviens que des hurlements des Croisés qui sautaient, ouvraient les portes de la Ville et tuaient.

Car ce fut le temps des massacres.

On pourchasse, on fend les Infidèles à coups de glaive, le fer crève les chairs.

J'ai fait cela avec rage, aveuglé par le sang qui jaillissait des corps taillés en pièces.

Je suis entré dans le temple de Salomon devenu la mosquée Al Aqsa avec un groupe de chevaliers et nous fîmes un tel carnage que le sang montait jusqu'aux chevilles.

Et dans les rues et sur les places de notre Ville sainte, j'ai vu des monceaux de têtes, de mains et de pieds.

D'autres chevaliers sont entrés dans une synagogue et ont massacré les Juifs qui s'y étaient réfugiés.

Les comtes et barons donnent l'ordre qu'on tue tous les survivants et prisonniers. Ces races du diable, païennes, juives, turques, arabes, sont malfaisantes. Elles ont voulu la crucifixion de Jésus. Elles ont persécuté, torturé, massacré les chrétiens. Dieu veut qu'on les extermine.

Seuls les Infidèles qui tenaient garnison dans la tour de David et qui se sont rendus à Raymond de Saint-Gilles, comte de Toulouse, auront la vie sauve et seront escortés jusqu'à Ascalon.

Et puisque j'ai fait serment de dire tout ce qui a eu lieu, je jure que j'ai vu dans les rues jonchées de corps les Croisés éventrer les cadavres dans l'espoir de trouver dans les entrailles des morts des pièces d'or.

Fallait-il tout ce sang répandu, toutes ces vies tranchées, femmes, enfants, tués comme s'ils avaient été des combattants, pour libérer la Ville sainte ?

Ce n'est pas le chevalier d'alors qui s'interroge mais le vieil homme qui, souvent, a le regard obscurci par un voile rouge comme si le sang versé ce vendredi 15 juillet de l'an 1099 venait voiler ses yeux.

Et je demande pardon à Dieu pour ce qu'en Son nom nous avons accompli.

Combien avons-nous fauché d'Infidèles ce jour-là ?

Des milliers, cinquante, soixante mille ?

Tout devient rouge dans ma mémoire.

Mais je sais que Dieu, Christ crucifié, n'a pas voulu cela.

C'est l'homme, c'est moi, qui avons choisi d'être des carnassiers.

Et Dieu nous jugera.

Le temps est proche et souvent la peur du châtiment divin m'étrangle.

Mais je confesse que, ce vendredi 15 juillet de l'an 1099, alors que la Sainte Jérusalem n'était plus que le tombeau des Infidèles et que les Croisés penchés sur les cadavres étaient des loups avides, je n'ai éprouvé aucun remords.

Nous les chevaliers, couverts de sang, nous nous donnions l'accolade, nous riions et nous pleurions de joie.

Les gens de peu agenouillés priaient.

La Croisade n'avait été pour eux qu'un interminable calvaire.

Ils avaient eu faim. Leurs frères, leurs enfants, leurs épouses n'étaient plus qu'amoncellement d'os blanchis, qui jalonnaient notre route.

Ils n'avaient eu pour ambition que de délivrer le Saint-Sépulcre, de rendre à Dieu ce qui lui appartenait.

Ils n'avaient eu que des miettes du butin.

Ils n'avaient jamais rêvé de se tailler un fief dans les terres infidèles.

Leur foi était si puissante qu'ils avaient contraint les seigneurs, les barons, les comtes et même les chevaliers à marcher jusqu'à Jérusalem, à respecter ainsi leur serment.

C'était le soir de ce vendredi 15 juillet de l'an 1099.

J'ai posé mon glaive, retiré ma robe raidie par le sang qui avait séché. J'ai lavé ma peau grise de poussière, brune de sang, le mien mêlé à celui des Infidèles.

J'ai revêtu une nouvelle robe et, pieds nus avec mes frères chevaliers et les gens de peu, le peuple des démunis, en procession, je suis allé prier devant le Saint-Sépulcre, puis en tous lieux de la Ville où Jésus avait été corporellement.

Nous priions et nous pleurions.

Le Christ avait vécu et souffert, là où il nous avait conduits.

Je me suis allongé sur la terre qui était sainte, les bras en croix.

28.

Je ne veux pas poursuivre au-delà de ce vendredi 15 juillet de l'an de grâce 1099.

Je n'irai pas au-delà de cette nuit de prière, d'attente aussi d'un signe de Dieu, dont j'ai espéré qu'il allait nous ouvrir les portes de Son royaume.

Mais le samedi 16 juillet, le massacre recommença, n'épargnant ni les femmes ni les enfants.

J'ai avec d'autres escaladé le toit du temple de Salomon où des centaines de Sarrasins agglutinés s'étaient réfugiés.

Je n'ai pas tué.

Mon glaive m'a paru si lourd que je n'ai pu le soulever et j'ai vu mes frères chevaliers frapper, égorger, éventrer.

Et j'ai vu de nombreux Infidèles se jeter du haut du temple, préférant choisir leur mort plutôt que de la subir.

Ce jour-là, je suis devenu vieux. J'ai su que les portes du Royaume de Notre Sauveur ne s'ouvriraient pas pour nous qui étions encore des animaux cruels à visage d'homme.

Et je n'ai eu qu'une hâte, retrouver ma demeure, y prier, attendre le moment que Dieu choisirait pour m'appeler à Lui, me juger.

Cette chronique que j'achève est ma confession.

Rouge de sang est toute guerre.

Aucune n'est sainte.

Ouvrages de Max Gallo

Autobiographie

L'Oubli est la ruse du diable, XO Éditions, 2012.

Romans

Le Cortège des vainqueurs, Robert Laffont, 1972.
Un pas vers la mer, Robert Laffont, 1973.
L'Oiseau des origines, Robert Laffont, 1974.
Que sont les siècles pour la mer, Robert Laffont, 1977.
Une affaire intime, Robert Laffont, 1979.
France, Grasset, 1980 (et Le Livre de Poche).
Un crime très ordinaire, Grasset, 1982 (et Le Livre de Poche).
La Demeure des puissants, Grasset, 1983 (et Le Livre de Poche).
Le Beau Rivage, Grasset, 1985 (et Le Livre de Poche).
Belle Époque, Grasset, 1986 (et Le Livre de Poche).
La Route Napoléon, Robert Laffont, 1987 (et Le Livre de Poche).
Une affaire publique, Robert Laffont, 1989 (et Le Livre de Poche).
Le Regard des femmes, Robert Laffont, 1991 (et Le Livre de Poche).
Un homme de pouvoir, Fayard, 2002 (et Le Livre de Poche).
Les Fanatiques, Fayard, 2006 (et Le Livre de Poche).
Le Pacte des Assassins, Fayard, 2007 (et Le Livre de Poche).
La Chambre ardente, Fayard, 2008 (et Le Livre de Poche).
Le Roman des rois, Fayard, 2009 (et Le Livre de Poche).
Caïn et Abel, le premier crime, Fayard, 2011 (et J'ai Lu).

Suites romanesques

LA BAIE DES ANGES :
I. *La Baie des Anges*, Robert Laffont, 1975 (et Pocket).
II. *Le Palais des Fêtes*, Robert Laffont, 1976 (et Pocket).
III. *La Promenade des Anglais*, Robert Laffont, 1976 (et Pocket).
(Parue en un volume dans la coll. « Bouquins », Robert Laffont, 1998.)

LES HOMMES NAISSENT TOUS LE MÊME JOUR :
I. *Aurore*, Robert Laffont, 1978.
II. *Crépuscule*, Robert Laffont, 1979.

LA MACHINERIE HUMAINE :
La Fontaine des Innocents, Fayard, 1992 (et Le Livre de Poche).
L'Amour au temps des solitudes, Fayard, 1992 (et Le Livre de Poche).
Les Rois sans visage, Fayard, 1994 (et Le Livre de Poche).
Le Condottiere, Fayard, 1994 (et Le Livre de Poche).
Le Fils de Klara H., Fayard, 1995 (et Le Livre de Poche).
L'Ambitieuse, Fayard, 1995 (et Le Livre de Poche).
La Part de Dieu, Fayard, 1996 (et Le Livre de Poche).
Le Faiseur d'or, Fayard, 1996 (et Le Livre de Poche).
La Femme derrière le miroir, Fayard, 1997 (et Le Livre de Poche).
Le Jardin des Oliviers, Fayard, 1999 (et Le Livre de Poche).

BLEU BLANC ROUGE :
I. *Mariella*, XO Éditions, 2000 (et Pocket).
II. *Mathilde*, XO Éditions, 2000 (et Pocket).
III. *Sarah*, XO Éditions, 2000 (et Pocket).

LES PATRIOTES :
I. *L'Ombre et la Nuit*, Fayard, 2000 (et Le Livre de Poche).
II. *La flamme ne s'éteindra pas*, Fayard, 2001 (et Le Livre de Poche).
III. *Le Prix du sang*, Fayard, 2001 (et Le Livre de Poche).
IV. *Dans l'honneur et par la victoire*, Fayard, 2001 (et Le Livre de Poche).

MORTS POUR LA FRANCE :
I. *Le Chaudron des sorcières*, Fayard, 2003 (et J'ai Lu).
II. *Le Feu de l'enfer*, Fayard, 2003 (et J'ai Lu).
III. *La Marche noire*, Fayard, 2003 (et J'ai Lu).
(Parus en un volume, Fayard, 2008.)

L'EMPIRE :
I. *L'Envoûtement*, Fayard, 2004 (et J'ai Lu).
II. *La Possession*, Fayard, 2004 (et J'ai Lu).
III. *Le Désamour*, Fayard, 2004 (et J'ai Lu).

LA CROIX DE L'OCCIDENT :
I. *Par ce signe tu vaincras*, Fayard, 2005 (et J'ai Lu).
II. *Paris vaut bien une messe*, Fayard, 2005 (et J'ai Lu).

Politique-fiction

La Grande Peur de 1989, Robert Laffont, 1966.
Guerre des gangs à Golf-City, Robert Laffont, 1991.

Histoire, essais

L'Italie de Mussolini, Librairie académique Perrin, 1964, 1982 (Marabout ; coll. « Texto », Tallandier, 2011).
L'Affaire d'Éthiopie, Le Centurion, 1967.
Gauchisme, Réformisme et Révolution, Robert Laffont, 1968.
Histoire de l'Espagne franquiste, Robert Laffont, 1969.
Cinquième Colonne, 1939-1940, Éditions Plon, 1970, 1980 ; Éditions Complexe, 1984.
Tombeau pour la Commune, Robert Laffont, 1971.
La Nuit des longs couteaux, Robert Laffont, 1971, 2001 (coll. « Texto », Tallandier, 2010).
La Mafia, mythe et réalités, Seghers, 1972.
L'Affiche, miroir de l'histoire, Robert Laffont, 1973, 1989.
Le Pouvoir à vif, Robert Laffont, 1978.
Le XXᵉ Siècle, Librairie académique Perrin, 1979.
La Troisième Alliance, Fayard, 1984.
Les Idées décident de tout, Galilée, 1984.
Lettre ouverte à Robespierre sur les nouveaux muscadins, Albin Michel, 1986.
Que passe la justice du roi, Robert Laffont, 1987 ; Éditions Complexe, 2011.
Les Clés de l'histoire contemporaine, Robert Laffont, 1989 ; Fayard, 2001 (et Le Livre de Poche, éd. mise à jour, 2005).
Manifeste pour une fin de siècle obscure, Odile Jacob, 1989.
La gauche est morte, vive la gauche, Odile Jacob, 1990.
L'Europe contre l'Europe, Éditions du Rocher, 1992.
Jè. Histoire modeste et héroïque d'un homme qui croyait aux lendemains qui chantent, Stock, 1994 (et Mille et Une Nuits).
L'Amour de la France expliqué à mon fils, Le Seuil, 1999.
Fier d'être français, Fayard, 2006 (et Le Livre de Poche).
L'Âme de la France : une histoire de la nation des origines à nos jours, Fayard, 2007 (J'ai Lu, 2 volumes).
La Grande Guerre (préface à…), XO Éditions, 2008.
Histoires particulières, CNRS Éditions, 2009.

RÉVOLUTION FRANÇAISE :
I. *Le Peuple et le Roi*, XO Éditions, 2009.
II. *Aux armes, citoyens !*, XO Éditions, 2009.

Dictionnaire amoureux de l'Histoire de France, Plon, 2011 (et Pocket).

UNE HISTOIRE DE LA DEUXIÈME GUERRE MONDIALE :
1940, de l'abîme à l'espérance, XO Éditions, 2010, (et Pocket).
1941, le monde prend feu, XO Éditions, 2011 (et Pocket).
1942, le jour se lève, XO Éditions, 2011 (et Pocket).
1943, le souffle de la victoire, XO Éditions, 2011 (et Pocket).
1944-1945, le triomphe de la liberté, XO Éditions, 2012 (et Pocket).

UNE HISTOIRE DE LA PREMIÈRE GUERRE MONDIALE :
1914, le destin du monde, XO Éditions, 2013.
1918, la terrible victoire, XO Éditions, 2013.

La Chute de l'empire romain, XO Éditions, 2014.

Biographies

Maximilien Robespierre, histoire d'une solitude, Librairie académique Perrin, 1968 (et Pocket, et Tempus, 2008).
Garibaldi, la force d'un destin, Fayard, 1982 (coll. « Texto », Tallandier, 2012).
Le Grand Jaurès, Robert Laffont, 1984, 1994 (et Pocket, et coll. « Bouquins », Robert Laffont, 2011).
Jules Vallès, Robert Laffont, 1988 (et coll. « Bouquins », Robert Laffont, 2011).
« Moi, j'écris pour agir. » Vie de Voltaire, Fayard, 2008 (et Pocket, 2012).
Jeanne d'Arc, jeune fille de France brûlée vive, XO Éditions, 2011.
François Iᵉʳ, roi de France, Roi-Chevalier, Prince de la Renaissance française, XO Éditions, 2014.

NAPOLÉON :
I. *Le Chant du départ*, Robert Laffont, 1997 (et Pocket).
II. *Le Soleil d'Austerlitz*, Robert Laffont, 1997 (et Pocket).
III. *L'Empereur des rois*, Robert Laffont, 1997 (et Pocket).
IV. *L'Immortel de Sainte-Hélène*, Robert Laffont, 1997 (et Pocket).

De Gaulle :
I. *L'Appel du destin*, Robert Laffont, 1998 (et Pocket).
II. *La Solitude du combattant*, Robert Laffont, 1998 (et Pocket).
III. *Le Premier des Français*, Robert Laffont, 1998 (et Pocket).
IV. *La Statue du Commandeur*, Robert Laffont, 1998 (et Pocket).

Rosa Luxemburg :
Une femme rebelle, vie et mort de Rosa Luxemburg, Fayard, 2000.

Victor Hugo :
I. *Je suis une force qui va !*, XO Éditions, 2001 (et Pocket).
II. *Je serai celui-là !*, XO Éditions, 2001 (et Pocket).

Les Chrétiens :
I. *Le Manteau du soldat*, Fayard, 2002 (et Le Livre de Poche).
II. *Le Baptême du roi*, Fayard, 2002 (et Le Livre de Poche).
III. *La Croisade du moine*, Fayard, 2002 (et Le Livre de Poche).

César Imperator, XO Éditions, 2003 (et Pocket).

Les Romains :
I. *Spartacus, la révolte des esclaves*, Fayard, 2006 (et J'ai Lu).
II. *Néron, le règne de l'antéchrist*, Fayard, 2006 (et J'ai Lu).
III. *Titus, le martyre des Juifs*, Fayard, 2006 (et J'ai Lu).
IV. *Marc Aurèle, le martyre des chrétiens*, Fayard, 2006 (et J'ai Lu).
V. *Constantin le Grand : l'empire du Christ*, Fayard, 2006 (et J'ai Lu).

Louis XIV :
I. *Le Roi-Soleil*, XO Éditions, 2007 (et Pocket).
II. *L'Hiver du grand roi*, XO Éditions, 2007 (et Pocket).

Jésus, l'homme qui était Dieu, XO Éditions, 2010.
Machiavel et Savonarole, La Glace et le Feu, XO Éditions, 2015.

Conte

La Bague magique, Casterman, 1981.

En collaboration

Au nom de tous les miens de Martin Gray, Robert Laffont, 1971 (et Pocket).

FSC
www.fsc.org
MIXTE
Papier issu
de sources
responsables
FSC® C123930

Composé par Nord Compo Multimédia
7, rue de Fives, 59650 Villeneuve-d'Ascq

Cet ouvrage
a été achevé d'imprimer
sur Roto-Page
par l'Imprimerie Floch
à Mayenne en mai 2015.

N° d'édition : 2953/01 – N° d'impression : 88445
Dépôt légal : juin 2015
Imprimé en France